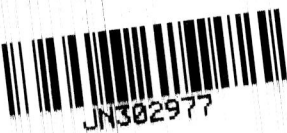

世界の絶景さんぽ

H.I.S.著

二見書房

はじめに

「せっかく行くならハワイだけでなく世界一周したら？」

30年以上も前に、H.I.S. 創業者である澤田秀雄が、ハネムーンの相談にやってきた若者に伝えた言葉です。

世界50ヶ国以上を旅していた澤田の体験談に胸を躍らせ、未知の世界にワクワクし、世界一周の旅に出ることを決断、その後、旅から帰ってきたその若者は、H.I.S.の萌芽期を支えるメンバーになりました。

そんな旅人がひとり、またひとりと集まって大きくなった会社。H.I.S.は世界中を旅した旅人が創った会社なのです。

「社員である前に旅人であれ。」

会社が誕生して34年が経ち、大きくなった今だって、その想いは変わることはありません。

「今まで旅した中で、どこが一番よかったですか？」
よく聞かれる質問です。
その質問に、仕事としてひとりひとり旅行相談で答えることはあっても、旅好きが高じて旅行会社で働くことになった自分たちのたくさんの体験を、多くの人に披露したことはありませんでした。
自分たちが心をゆさぶられた絶景体験を本にしよう。
そんな気持ちからできたのがこの本です。

とはいえ日々の仕事をしながら本当に本ができあがるのか。不安いっぱいの執筆作業でした。しかし、いざ書きはじめてみると、驚くほどいろんな絶景を旅している、みんなの話が面白いのです。

「3日も車に乗り続けて3000m～4000m級の峠をいくつも越えないと辿り着けない秘境に行った」「最近までほとんど人が訪れることがなかった美しい秘島に行った」「4900mの峠を越えないと行けない谷に行った」「現地抽選で1日限定20人しか観光できない場所に何度も応募して行ってきた」

みんなの旅の話に思うのは、旅に正解はなく、旅のきっかけにも理由はないということ。そして、新しい世界との出会いが新しい自分との出会いにもなるということです。

情報にアクセスできる手段は進化しますが、旅の本質は今も昔も変わりません。
未知の土地に立つドキドキ感、旅先で出会う五感をゆさぶる感動は、なにより日常をより心豊かなものにしてくれます。

今すぐ旅に出られなくても、想像の中で自由に世界を飛び周り、散歩するような感覚でワクワクしてほしい。『世界の絶景さんぽ』にはそんな想いが詰まっています。未知の世界を身近に感じ、旅する未来にワクワクし、そして実際に旅をして素晴らしい感動を体験してください。

さあ、もっと世界を楽しもう！

H.I.S.　執筆・編集スタッフ一同

目　次

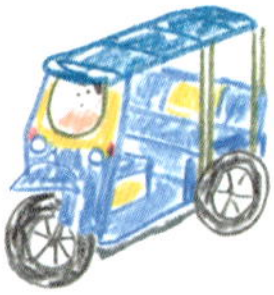

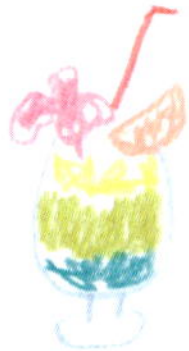

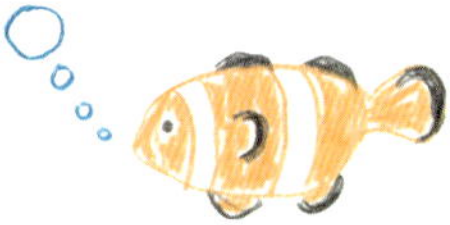

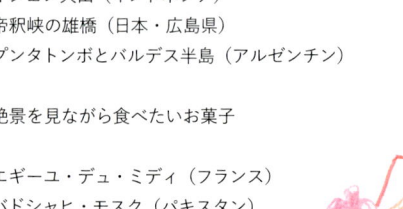

※本書のデータは 2014 年 7 月上旬のものです。
※掲載した情報については、旅行の前に最新情報をご確認ください。
※本書の所要時間・費用・行き方は目安です。状況に応じて変わる場合があります。
※掲載した内容は例年のものを参考に記載しています。今後変わることもあるのでご了承ください。
※掲載情報による損失などの責任は負いかねます。あらかじめご了承ください。

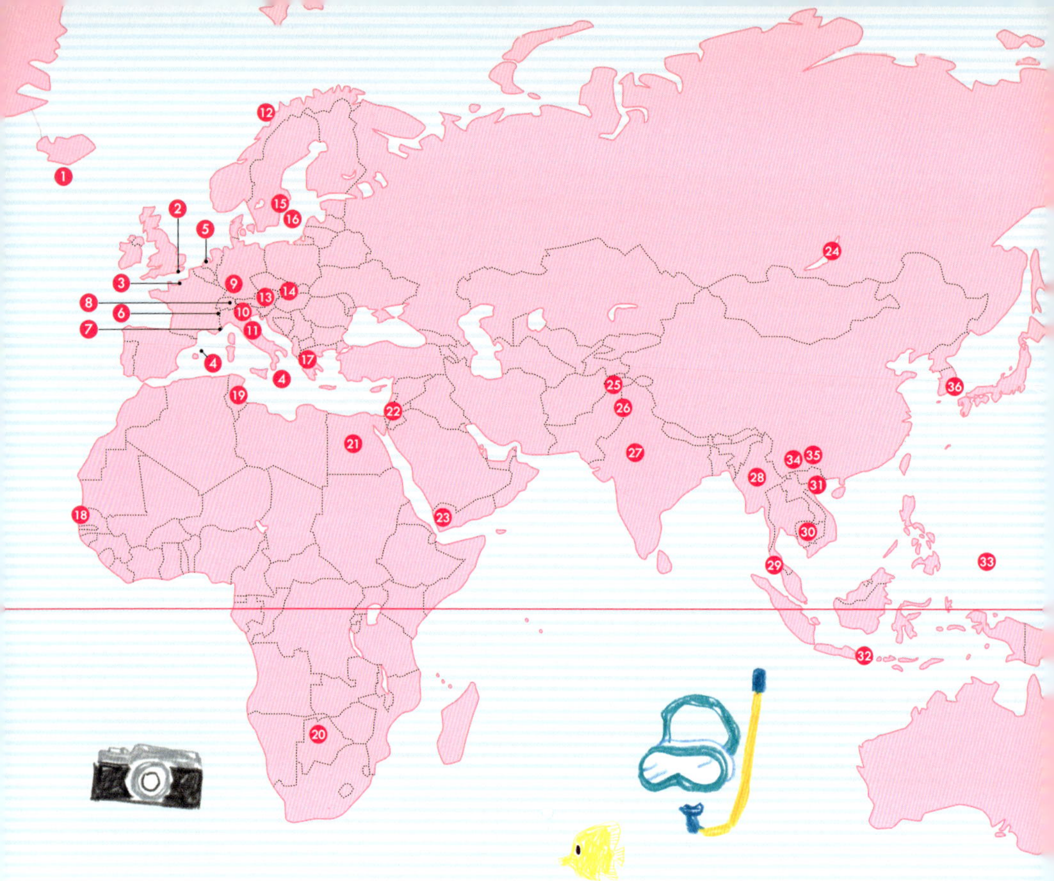

ヨーロッパ大陸

アフリカ大陸

中東

ロシア大陸

南アジア

東南アジア

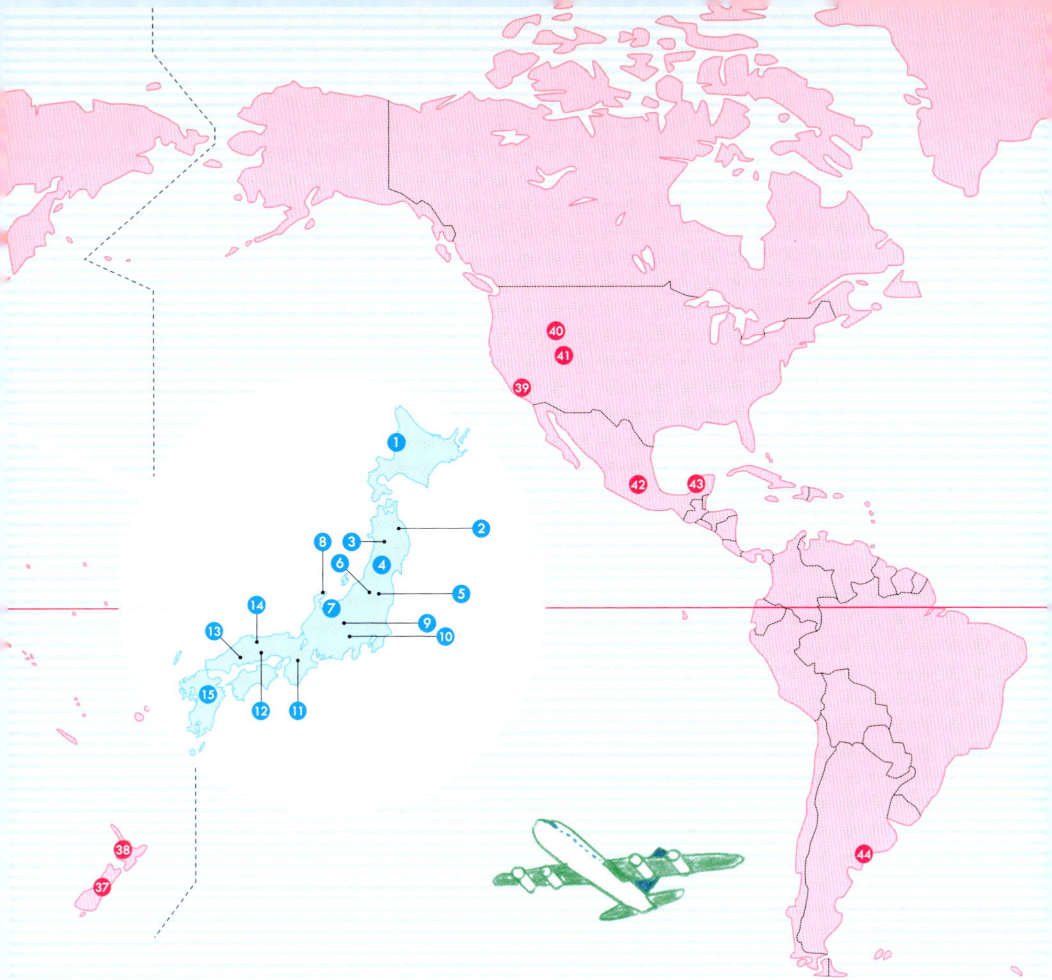

中国・韓国

オセアニア

北アメリカ

南アメリカ

日本

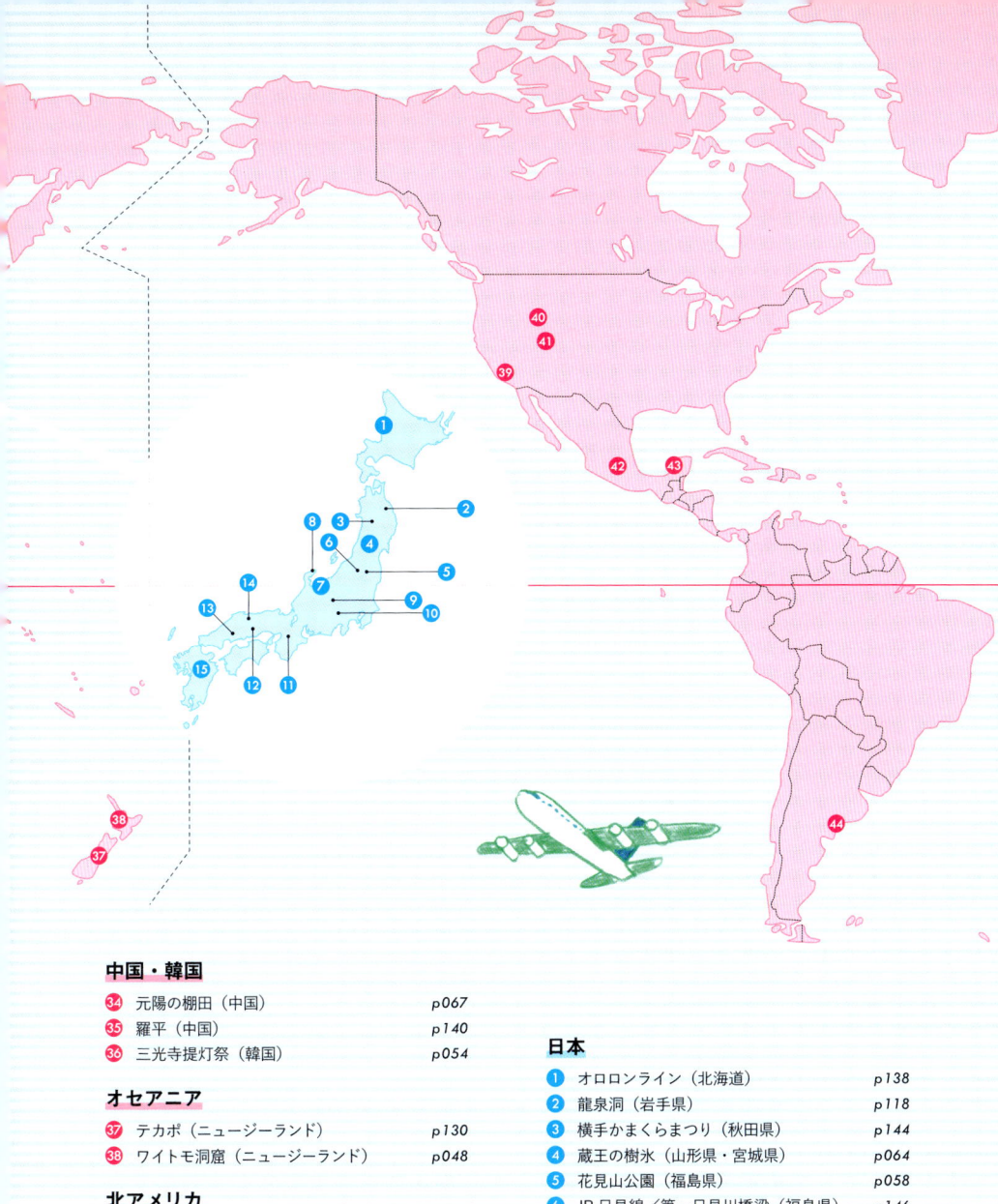

ラピュタの道

日本・熊本県

空まで歩けそう!!
雲海の中の天空の道

人気アニメ『天空の城ラピュタ』のワンシーンを思わせる熊本県阿蘇市の絶景スポット。「ミルクロード」と呼ばれている県道339号の途中にある。世界最大級の広大なカルデラに雲海が現れるとまさに「天空の道」になる！

絶景までの道のり

まずは熊本空港へ。ラピュタの道への公共交通機関はないのでレンタカーを借りて向かおう。正式な名称は市道狩尾幹線。山肌に沿ってくねくねと曲がりくねった細い道が、麓の狩尾地区から標高差約200メートルの外輪山上まで続く。展望ポイントからさらに走ると「天空の道」に続く。

Travel Plan

1日目　羽田空港発 → 熊本空港 → レンタカーで阿蘇へ

2日目　阿蘇 → レンタカーで熊本空港へ → 羽田空港着

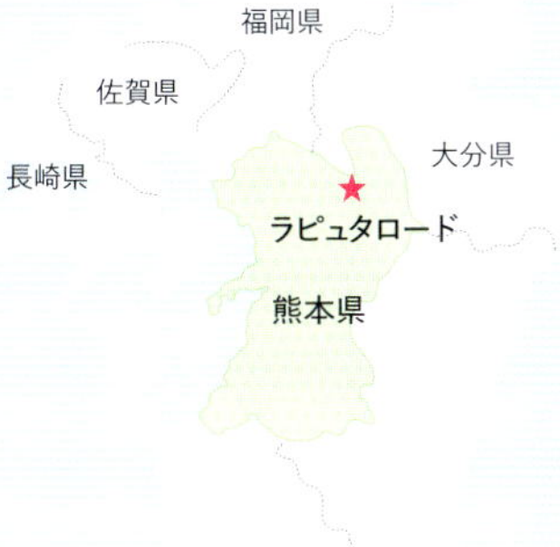

道草の楽しみ

阿蘇周辺は温泉がたくさんある。特におすすめは南阿蘇の地獄温泉。湯船の下から湧き出る乳白色の天然温泉は秘湯中の秘湯。

たくさんの浴場があって楽しめる。

行きたい季節

夏～秋

ラピュタの雰囲気を味わいたいなら草原が緑色に染まる夏から秋がおすすめ。また阿蘇連峰をバックに昇る朝日も幻想的。

雲海を目当てに霧のあるタイミングを狙うなら、運転には注意しましょう。

周辺の道路はカーブも多く、一部補修されていないところもあるので気をつけよう。

旅の予算

約3.9万円～

東京と熊本を往復する割引航空券で約３万円～、レンタカー２日間の約9000円～を含む。

絶景ごはん＆おやつ

■カップルのソフトクリーム

阿蘇の大草原で育った乳牛から生まれた「阿蘇小国ジャージー牛乳」とソフトクリームは濃厚で地元でも大人気。牧場直営「カップル」で味わえる。

アンテロープ・キャニオン

アメリカ

神秘の渓谷に射す一筋の光
奇跡が起きた瞬間みたい！

アリゾナ州ペイジ近郊の渓谷。雨水と風により、長い年月をかけて砂岩が浸食され、アンテロープ・キャニオンの細長い谷間が作られた。その中は、流れるような模様が刻まれている地表と、わずかに射し込む太陽の光が、神々しささえ感じさせる神秘的な雰囲気を作り上げている。

絶景までの道のり

ロサンゼルスなどで乗り継いでラスベガスへ。そこからアンテロープの最寄りの町、ペイジまでレンタカーなどで移動する。ペイジからアンテロープ入口までは車で約 10 分。アンテロープ観光は予約制となっている。事前に予約してない場合は、当日券の予約の列に並ばなければならない。

Travel Plan

1日目	成田空港発 → ロサンゼルス → ラスベガス
2日目	ラスベガス → ブライスキャニオン国立公園
3日目	ブライスキャニオン国立公園 → ペイジ
4日目	ペイジ → グランドキャニオン
5日目	グランドキャニオン → ラスベガス
6日目	ラスベガス → ロサンゼルス → 機中泊
7日目	成田空港着

足場がよくないので
運動靴は必須。

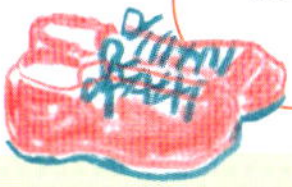

道草の楽しみ

アンテロープ・キャニオンだけでなく、グランドサークル（ザイオン国立公園・ブライスキャニオン国立公園・モニュメントバレー・グランドキャニオン）を回るルートが一般的！　せっかくなのでアメリカの大自然を楽しもう。

ブライスキャニオン国立公園もド迫力！

行きたい季節

夏

ベストシーズンは夏。アンテロープ・キャニオンに射し込む光を見るには、観光時間に注意が必要。モンスーン時期にまれに雨が降り鉄砲水となって非常に危険。その場合は入場禁止となる。

細かな砂が舞うことがあり、
その砂が入ってカメラの故障
の原因となるので、保護する
ものを持参した方がよい。

旅の予算

約16万円～

航空券の約11万円～（燃油サーチャージ含む）、レンタカー1週間分の約4.8万円～、ツアーガイド1時間分の約$35～を含む。アンテロープ・キャニオンはガイド付きツアー参加が必須。

絶景ごはん＆おやつ

■ナバホタコス

「ナバホタコス」はナバホ族がメキシコ州南東部へ強制移住させられたときに生まれた料理。ちなみにアンテロープ・キャニオンへ行くには移動距離が長いので、水・軽食を多めに購入しておこう。

流れるような地層を見ら
れるのは、世界でもまれ！
その感動はひとしおです。

ドロミテ

イタリア

3000m を超える山が 18 峰！
大自然の中を散策したい

世界遺産にも登録された、北東イタリアに広がる一連の山々。最高峰のマルモラーダ山やトファーネ山脈をはじめ、3000メートルを超える山が 18 峰もある。起伏に富む山肌、深い渓谷や氷河、険しい頂きを眺めながらの夏のトレッキングは最高！

絶景までの道のり

成田空港を出発し、ローマで乗り継いでヴェローナへ。そこからは鉄道で移動する。西側ルートで約 1 時間 30 分～ 2 時間かけてボルツァーノへ向かうか、東側ルートで約 2 時間かけてドッビアーコへ向かおう。到着したらレンタカーもしくはプルマンバスに乗ってドロミテの目的地へ。

Travel Plan

1日目	成田空港発 → ローマ → 機中泊
2日目	ヴェローナ → 鉄道でボルツァーノ（東側ルートではドッビアーコへ）
3～5日目	ボルツァーノ（もしくはドッビアーコ）→ プルマンバスでドロミテの各地へ
6日目	ボルツァーノ（もしくはドッビアーコ）→ 鉄道でヴェローナへ
7日目	ヴェローナ → ローマ→機中泊
8日目	成田空港着

道草の楽しみ

経由地であるヴェローナは、シェークスピアの名作『ロミオとジュリエット』の町。ついでに名所を散策しよう。ヴェローナでは 6 月下旬から 9 月上旬にアレーナ音楽祭が開催されるため、その時期のホテルの予約はお早めに！

物語の舞台のバルコニーもある。

行きたい季節

6月下旬～8月

トレッキングに適している夏がおすすめ。ちなみにレンタカーで回るのが最も便利だが、運転に自信のない場合はプルマンバスでの移動となる。夏期しか運行しないプルマンバスが多いので確認しよう。

旅の予算

約16万円～

ヴェローナまでの往復航空券（アリタリア航空使用、燃油サーチャージ含む）と、ヴェローナからボルツァーノの往復鉄道料金（片道2等€21～）を含む。

絶景ごはん&おやつ

■カネデルリ

ドロミテがあるイタリア北部地方はオーストリアに近いので、プレッツェルやクノーデル（イタリア名ではカネデルリというパスタ）などドイツ料理が名物。チーズやバターなどの乳製品、ハムも美味しい。

メノルカ島

スペイン

船が飛んでるように見える透明度の高い美しい海

コバルトブルーの海と町並みの白壁が美しい。目立った観光地はないが、まだまだアジア人には知られていない静かな地中海リゾートを満喫したい人にぴったり。イギリス領だったメノルカ島に侵攻したフランス軍のリシュリューが、港町のマオで出会ったのがマヨネーズだと言われる。

絶景までの道のり

まずはバルセロナかマドリードに入り、そこから国内線でメノルカ島の中心都市マオに入るのが一般的。日本からスペインまでの直行便はないため、基本的には2回乗り継ぐ必要がある。時期によってはパリなどヨーロッパの主要空港からマオ行きの直行便が出ていることも。マオの空港から市内中心部までは、バスで約15分。

Travel Plan

1日目	成田空港もしくは羽田空港発 → ヨーロッパの都市で乗り継ぎ → バルセロナ
2日目	バルセロナ → メノルカ島
3日目	メノルカ島観光
4日目	メノルカ島 → バルセロナ→ヨーロッパの都市で乗り継ぎ → 機中泊
5日目	成田空港または羽田空港着

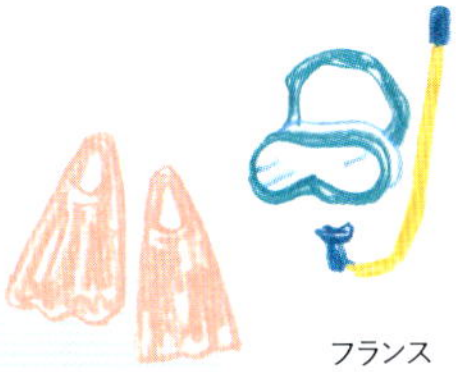

道草の楽しみ

マオの港から出ているグラスボトムボートでの地中海クルーズがおすすめ。また、白亜の豪邸が並ぶ別荘地シウタデラへもバスで約1時間。ヨットハーバー付近にある海沿いのレストランでランチやカフェを楽しもう。

シウタデラでレストランめぐり！

行きたい季節

6月〜9月

地中海に浮かぶメノルカ島を訪れるなら、やはり夏がベストシーズン。水面が太陽を反射してキラキラとまぶしく美しい6月から9月がおすすめ。日差しが強く、蒸し暑いのでしっかりと暑さ対策をして出かけよう。

マオから車で南に15分ほど行くとある、ビニベカという小さな街もおすすめです。建物の壁がすべて真白で、町並みが入り組んでいて童話の世界のようですよ。

メノルカ島では午後2時〜5時ごろのお昼寝タイム「シエスタ」の伝統がまだ根付く残ってます。この時間帯はお店が閉まっていることが多いので要注意です。

旅の予算

約11.7万円〜

日本からバルセロナまでの往復航空券の約10万円〜（燃油サーチャージ含む）、バルセロナとマオ間の往復航空券€120〜を含む。

絶景ごはん＆おやつ

■シーフード

絶品シーフードを堪能すべし。カタルーニャ名物のブイヤベースやパエリヤをはじめ、タコのガリシア風やムール貝の白ワイン蒸しなど、新鮮な魚介を使った料理はどれも日本人の口に合う。

タ・プローム遺跡

カンボジア

木と草と苔に覆われた遺跡
まるで天空の城ラピュタ♪

有名なアンコール遺跡群の中でも最も廃墟感がたっぷりの遺跡。12世紀末に仏教の寺院として建てられ、後にヒンドゥー教寺院に改築されたとされている。三重の回廊、寺院にガジュマルなどの樹木が食い込み自然と渾然一体となっている様子が神秘的。

絶景までの道のり

まずは世界遺産アンコールワットの街シェムリアップを目指そう。日本からはハノイ・ホーチミンを経由するベトナムルート、ソウル・プサンを経由する韓国ルート、上海を経由する中国ルート、バンコクを経由するタイルートがある。以前に比べると現在は断然、行きやすくなった。経由地と合わせて2ヶ国を旅するのもいい。
明るい時間に着きたいなら成田空港を深夜に出発するタイルート、もしくは夕方に現地へ到着するベトナムルートがいい。タ･プローム遺跡はシェムリアップ市内からバイクタクシー（トゥクトゥク)に乗って約20分。まとめてアンコールワット･アンコールトムも観光できる。

Travel Plan

1日目	成田空港発 → バンコク → シェムリアップ
2日目	バイクタクシーでタ・プローム遺跡へ → シェムリアップ
3日目	シェムリアップ発 → バンコク → 機中泊
4日目	成田空港着

道草の楽しみ

近くにはアンコールワット、アンコールトムのバイヨン遺跡もある。タ・プローム遺跡と同じく『天空の城ラピュタ』にも影響を与えたと言われるベンメリア遺跡もぜひ寄りたい。シェムリアップ市内からバイクタクシーで約90分。

ベンメリア遺跡で「バルス！」

行きたい季節

11月～4月

カンボジアには乾季と雨季があり、ベストシーズンは乾季の11月～4月と言われる。しかし、雨季でもスコールのような雨なので1日中降り続いていることは少ない。

遺跡観光は野外を長時間歩くのでスニーカーは必須。ドリンクや日焼け止めで熱中症対策を。肌を多く露出する服装は好ましくない。

未修復部分も多いので、足元には十分気をつけよう。午後はツアー客が多いので、静かな雰囲気を味わいたいなら午前中がおすすめ！

旅の予算

約6万円～

日本からの往復航空券が約6万円～（燃油サーチャージ含む)。アンコール遺跡を観光するにはゲートで入場券を購入（1日$20～、3日間$40～)。シェムリアップ市内からのバイクタクシーは交渉して約$10～。

絶景ごはん&おやつ

■アモック

香辛料のスパイシーさとココナツミルクのマイルドさが見事に融合した伝統的なカンボジア料理「アモック」。バナナの葉で作った皿にナマズなどの白身魚と肉、スパイス類を入れて蒸してます。

セレストゥン

メキシコ

フラミンゴの群れで ピンクに染まる海岸

メキシコのメリダから西へ100キロのところにあるセレストゥン自然保護区には、フラミンゴの群生地がある。数千羽のフラミンゴの群れがいくつもあり、海岸一面がピンク色に染まる絶景が楽しめる。すべて、子育てのために飛来した野生のフラミンゴ。ボートに乗って静かに眺めよう。

絶景までの道のり

日本からメキシコの玄関口、メキシコシティへ。そこで乗り継いで、国内線でユカタン半島の首都のメリダに行こう。メリダからバスに乗り換えて約2時間30分でセレストゥンに到着する。歩いてすぐのビーチからボートに乗ってフラミンゴに会いに行こう。メリダからオプショナルツアーにも参加できる。

Travel Plan

1日目　成田空港発 → メキシコシティ → メリダ

2日目　メリダ → バスでセレストゥンへ → メリダ

3日目　メリダ観光

4日目　メリダ → セノーテ観光 → メリダ → メキシコシティ → 機中泊

5日目　→成田空港着

道草の楽しみ

メリダの近くには、マヤ文明ウシュマル・カバー遺跡など、見応えのある遺跡がたくさんあるので観光をおすすめしたい。また地下水が泉のようにたまっている洞窟、セノーテで、神秘的な絶景を見ることができる。

約35メートルの魔法使いのピラミッド。

行きたい季節

2月〜3月

2月、3月ごろがベストシーズンでフラミンゴのほか、たくさんの野鳥が見られる。1月と雨季（特に6月、7月）に雨で水位が上がると、フラミンゴが見られなくなることがある。

水着を持っていって
ビーチで泳ぎましょう。

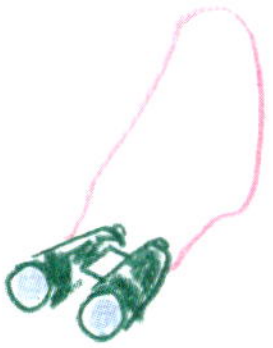

旅の予算

約11万円〜

成田空港とメリダの往復航空券の約10万円〜（燃油サーチャージ含む）、メリダからセレストゥン往復バス運賃の約100ペソ〜、ボート・入域料の約250ペソ〜を含む。

絶景ごはん&おやつ

■ユカタン料理

郷土料理のユカタン料理に挑戦！豚肉や鶏肉を使うマヤ文明の伝統が残る料理は驚きがいっぱい。アチョーテという香辛料を使った蒸し焼き、ライムのスープ、オレンジソースに漬けた豚肉の炭火焼きなど美味。

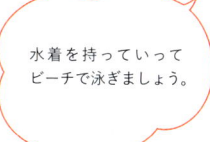

備中松山城

日本・岡山県

天空の城が岡山にも！
日本のマチュピチュを発見

高梁市にある松山城、別名・高梁城は、標高430メートルの臥牛山山頂にあるため雲が発生すると雲海に浮かぶ姿が見られる。日本のマチュピチュとして有名な兵庫県の竹田城に並ぶ美しさだ。石垣に侵入した樹木の成長による瓦解が心配されるほど、長い歳月を経てきた城である。

絶景までの道のり

まず新幹線で岡山駅に行こう。そこから最寄のJR西日本・伯備線の備中高梁駅へ。倉敷駅から約35キロ、岡山駅からは約50キロの距離になる。備中高梁駅から約10分、タクシーに乗って、ふいご峠駐車場へ。そこから徒歩約20分で備中松山城の天守に到着する。ついでに岡山城、観光地として有名な倉敷、瀬戸内海の優美な景色を一挙に堪能しよう。

Travel Plan

1日目　東京駅発 → 新幹線で岡山駅へ
2日目　倉敷観光 → 備中高梁駅
3日目　備中松山城 → 岡山駅 → 新幹線で東京駅着

道草の楽しみ

時間があれば岡山城、日本三名園の後楽園、造山古墳、鶴形山の阿智神社から見下ろす倉敷の町並みも楽しみたい。さらに日数に余裕があればレンタカーを借りて瀬戸大橋を渡り、四国へ。もしくは日本海側の島根県、出雲大社なども日帰り観光できる。

風光明媚な倉敷も観光したい。

行きたい季節

春と秋

雲海が発生しやすいのは春と秋。秋ならば紅葉の時期に訪れたい。山の温泉で紅葉を楽しみ、瀬戸内の海の幸、山の幸を楽しもう。

雲海におおわれた景色が見られるのは早朝だが、城の開館時間は午前9時。

冬の松山城は雪が降ることもあります。天気予報を参考にして服装には注意しましょう。

旅の予算

約3万円〜

首都圏からは新幹線＋ビジネスホテルの出張パックなどが時期によっては3万円から探せる。予算を増やせば温泉旅館、レンタカーなども旅程に組み込める。

絶景ごはん＆おやつ

■えびめし

岡山と言えば桃太郎のきびだんごが有名だが、豊かな瀬戸内の海の幸も味わおう。B級グルメとして有名な「えびめし」も試してみたい！ご飯とエビなどの具を、ソース味で炒めた岡山の郷土料理である。

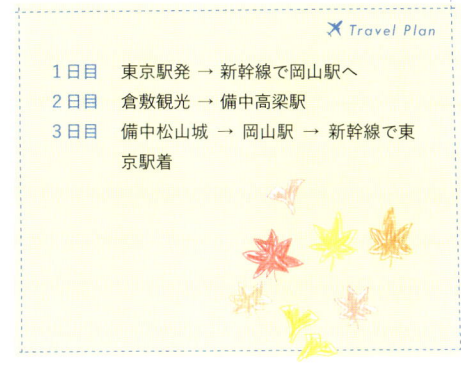

ザイプ

オランダ

地平線まで花！花！花！
世界最大のチューリップ畑

花畑がたくさんあるオランダの中でも「世界最大」と言われる畑があるザイプ。アムステルダムから約70キロの南、地平線まで見渡す限り、鮮やかなチューリップの色彩で埋め尽くされた風景はまさに絶景。畑内を自転車やバスで巡ることもできる。

絶景までの道のり

まずはアムステルダムへ。成田空港、関西国際空港、福岡空港から KLM オランダ航空の直行便が就航している。アムステルダムのスキポール空港から車で約１時間走ると、世界一の花畑「Kop van Noord-Holland」に到着！空港から花畑までは電車やバスでも行けるが、乗り換えがあって面倒な上に時間がかかるので、レンタカーを借りるのがおすすめ。「Slow Train」という、花畑内をゆっくり移動するガイド付きの乗り物が走っており、それに乗れば畑内をまんべんなく見学できる。ただし走行していない日や時間帯があるのでホームページ（http://english.bloeiendzijpe.nl/pg-26868-7-65413/pagina/home.html）をチェックしておこう。

Travel Plan

１日目	成田空港発 → アムステルダム
２日目	アムステルダム → レンタカーでザイプへ
３日目	アムステルダム観光
４日目	アムステルダム → 機中泊
５日目	成田空港着

道草の楽しみ

ユトレヒトには、ミッフィの故郷「ユトレヒトディックブルーナハウス」があり、町にミッフィー信号あってテンション UP！アムステルダムでは運河沿いのバーのはしごが楽しい。『オーシャンズ 12』のロケ地もある。

運河クルーズもおすすめ。

行きたい季節

3月下旬〜9月

3月から9月が過ごしやすい。4月27日が「王の日」なのでオランダ中が王家の色のオレンジ一色に染まる。毎年9月には「秋の花パレード」が開催され、アルスメールからアムステルダムまで花の山車がパレードをする。毎月いろんな花畑イベントが楽しめる。

4月27日に旅行するならオレンジの服や装飾品を身に付けると、現地の人と一体化できて楽しいです♪♪♪

花畑なので、やっぱり虫も多い。虫除けスプレーを忘れずに。

旅の予算

約25万円〜

往復航空券（燃油サーチャージ料を含む）と宿泊代金を含む。そのほか、オプショナルツアー・レンタカー・食費などがかかる。

絶景ごはん＆おやつ

■ポッフェルチェ

オランダには美味しいパンケーキ屋がたくさん。せっかくなのでオランダの伝統的なパンケーキ「ポッフェルチェ」を食べよう。小さめでそば粉が入っていてイースト菌で発酵させるのでふわふわしている。

白砂漠

エジプト

見渡す限りの白砂漠と奇岩
生物のいない星みたい！

ナイル川の西に広がる西方砂漠には、高さ数メートルの石灰岩が数百キロに渡って林立する白砂漠がある。奇妙な形の白い岩は、鳥やキノコ、花などのような形をしている。この地域が海底だったときにできた石灰岩が何千年もの間、風にさらされて奇岩群になったと言われている。

絶景までの道のり

まずはエジプトのカイロへ。現在、日本から直行できるエジプト航空が運休中のため、ターキッシュエアラインズなどで乗り継いで行く。カイロから約５時間、バスに乗ってバフレイヤ・オアシスへ。到着したら、最大の村バウィーティ発１泊２日のホテルのツアーに参加するか、4WDをチャーターして黒砂漠や白砂漠などをまわり、砂漠のテントでキャンプしよう。

Travel Plan

１日目	羽田空港発 → ドバイ → カイロ
２日目	カイロ → バスでバフレイヤ・オアシス
３日目	バフレイヤ・オアシス → バウィーティ → 黒砂漠、白砂漠
４日目	黒砂漠、白砂漠 → バウィーティ
５日目	バウィーティ → バフレイヤ・オアシス → バスでカイロへ
６日目	カイロ → ドバイ → 成田空港着

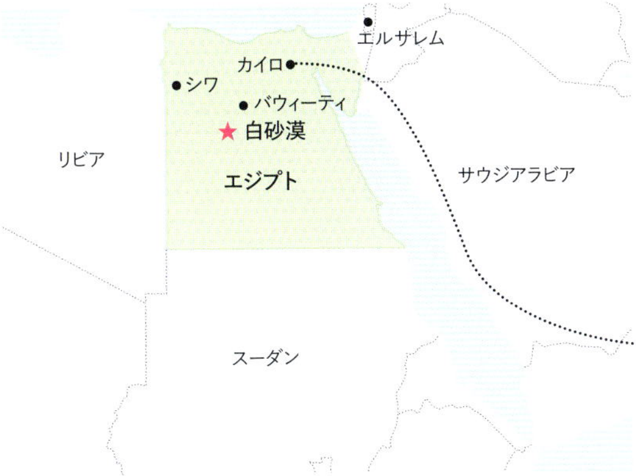

道草の楽しみ

西方砂漠には玄武岩が広がる「黒砂漠」や、方解石（結晶）が塊になった丘「クリスタル・マウンテン」などもあり、観光名所となっている。時間があれば、カイロから近いギザで、定番のピラミッド観光をするのもおすすめ。

せっかくエジプトに来たからには！

行きたい季節

10月〜4月

６月から８月は40℃を超すことがあるので、ベストは10月から４月。ただし12月から２月の朝晩は冷え込み、３月から５月は砂嵐が発生することもある。砂漠地帯は１日の気温差が大きいため、キャンプでは防寒対策も必要。

服装については、日中の暑さ対策と夜の防寒対策が必要です。

砂漠ツアーの申し込みにはパスポートのコピーが必要です。また、飲み物、食料がツアーに用意されているか確認しましょう！

旅の予算

約20万円〜

日本からの往復航空券の約15万円〜（燃油サーチャージ含む）、カイロでの宿泊費、カイロからのバスと砂漠のツアー約５万円〜を含む。

絶景ごはん＆おやつ

■ベドウィン料理

ベドウィンとは「砂漠の民」という意味。遊牧民の伝統的な家庭料理は地域によってさまざまな味が存在する。多くのキャンプツアーでは肉や野菜を蒸し焼きにしたものを、テント内または屋外で楽しめる。

フンザ

パキスタン

「風の谷」のモデル（？）は行くのがとても大変な桃源郷

パキスタンから中国の新疆ウイグル自治区へ通じる現代のシルクロード「カラコルムハイウェイ」の途上にある。周囲は「世界の屋根」と言われる7000メートル級のパミール高原の山々。『風の谷のナウシカ』の舞台のモデルと言われ、旅人達からは「桃源郷」とも呼ばれる。

絶景までの道のり

行き方は2通り。成田空港からパキスタンの首都イスラマバードまではパキスタン航空が週2便、バンコク経由のタイ航空が週4便就航している。そこから国内線でギルギットへ（フライトは有視界飛行のため、フライトキャンセルがよくある）。そこからはバスまたは事前に手配した車でフンザへ。もうひとつは、まず日本から中国の北京もしくは新疆ウイグル自治区のウルムチを経由してカシュガルへ。そこから事前に手配した車でカラコルムハイウェイの中国側の最後の町タシュクルガンを経て、4900メートル近いクンジュラーブ峠を越えてフンザへ。いずれも東京を出てから最短で2日、中国から入る場合は4日ほどかかる。

Travel Plan

1日目	成田空港発 → イスラマバード
2日目	イスラマバード → ギルギット
3日目	ギルギット → バスでフンザ（カリマバード）へ
4日目	フンザ（カリマバード）→ ギルギット
5日目	ギルギット → イスラマバード
6日目	イスラマバード → 機中泊
7日目	成田空港着

ホテルによってはお湯の出ないところが多い。出てくる水は近くの氷河から流れ出てくる水で、夏でも凍るように冷たいです。しかも白濁してます。

道草の楽しみ

夏に訪れたならばカラコルムハイウェイをさらに奥に進み、クンジュラーブ峠を越えて中国へ抜けるのがおすすめ。パキスタン側ではそそり立った崖の上を縫うように何百メートルも延々と走るが、中国に入ると一気に視界が開け草原が広がる。まったく別の風景を楽しめる。

カラコルムハイウェイは現代のシルクロード。

行きたい季節

3月

四季折々の美しさがあるが、杏の花咲く3月がおすすめ。ただし国境のクンジュラーブ峠を越えて中国へと旅を続ける場合は7月、8月の夏季しか峠の道が開通しないので注意。

旅の予算

約11.5万円～

成田空港からイスラマバード経由でギルギットまでは約11.5万円～（燃油サーチャージ含む）。ギルギットからフンザの中心であるカリマバードまではバスで約100パキスタンルピー～（約100円～）。

絶景ごはん＆おやつ

■ドライフルーツ

杏、トマトなどドライフルーツが名物。宗教上の理由により法律で飲酒が禁止されているパキスタンでは珍しく「フンザワイン」と呼ばれる飲料が旅行者の間の隠れた名物となっている。機会があったらぜひ！

パキスタンのフンザ。険しい7000メートル級の山々に囲まれた、緑と杏の花が美しい、谷の町。

セーチェーニ温泉

ハンガリー

ヨーロッパ最大の温泉で入浴しながらチェス遊び

ハンガリーの首都、ブダペストにあるヨーロッパ最大の温泉。1881年にペスト地区初の温泉施設として作られ、1913年に美しいネオバロック様式の建物が、1927年にプールが建造された。地元の住民が湯船につかりながらチェスを行うことでも有名。

絶景までの道のり

まずはハンガリーの首都ブダペストへ。日本からは直行便がないため、ヨーロッパの都市やソウル経由で行くのが一般的。最短で行くには、トルコ航空の成田空港からの夜便を使うと0泊3日が可能。ブダペスト市内から地下鉄1号線に乗って、セーチェーニ温泉駅で降り、徒歩1～2分で到着する。

Travel Plan

1日目	成田空港発 → 機中泊 → ヨーロッパの都市で乗り継ぎ → ブダペストへ
2日目	ブダペスト → セーチェーニ温泉駅 → ブダペスト → ヨーロッパの都市で乗り継ぎ → 機中泊
3日目	成田空港着

温泉施設の料金は、季節や曜日などで変わるため、公式サイト http://www.szechenyibath.hu/ で確認しよう。

道草の楽しみ

世界遺産の「ブダペストのドナウ河岸とブダ城地区およびアンドラーシ通り」も観光しよう。中でもブダとペストの統合を願って架けられ、ブタペストのランドマークになっている「鎖橋」は夜のライトアップも美しくおすすめ。

セーチェーニ鎖橋の絶景。

行きたい季節

5月～9月

日本と同じようにはっきりした四季がある。冬は寒く積雪があるので、観光シーズンは4月から10月くらいまで。暖かくて快適な5月から9月がベスト。降水量は年間を通して少ないため過ごしやすい。

週末や休日の料金は平日よりも高いです。

プールだけでなく温泉も混浴なので水着を着て入ります。タオルや水着は現地でレンタル可。

旅の予算

約19万円～

日本からブダペストの航空券は約19万円～、燃油サーチャージを含む。現地の地下鉄、バス、トラム、トロリーバス、ヘーヴ、登山鉄道は共通の切符。1回乗車券の料金は320Forint～(約138円～)。

絶景ごはん&おやつ

■グヤーシュ

ハンガリーの代表的な料理はグヤーシュ。玉ねぎやニンジン、ジャガイモにタルホニアという茹でた小さな団子とお肉を煮たシチュー料理。パプリカを乾燥させて粉にしたものを調味料として使っている。

イジェン火山

インドネシア

青い炎が山肌を流れる火山
美しいけど行くのは大変！

アジア最大の噴火口を持つイジェン火山は、溶岩にもガスにも硫黄が多く含まれ、硫黄が燃えることで青い炎が発生する。夜間など、漆黒の闇の中で、鮮やかな青い炎が山肌を激しく流れる様子を見ることができる。その光景はとても神秘的だが、とても危険でもある。

絶景までの道のり

まずはインドネシアのジャワ島東部のスラバヤに行こう。スラバヤまでは日本からの直行便がないので、香港で乗り継ぐ。日本からスラバヤまでは約12時間。夜に到着するのでスラバヤに泊まり、翌朝、バスでイジェン山の近くにあるバニュワンギに行く。青い炎を見るためには深夜、登山口に行き、約2時間、山を登って火口へ行く。

Travel Plan

1日目	成田空港発 → 香港で乗り継ぎ → スラバヤ
2日目	スラバヤ → バスでバニュワンギへ
3日目	バニュワンギ → バスでスラバヤへ
4日目	スラバヤ → 香港で乗り継ぎ → 成田空港着

道草の楽しみ

スラバヤから鉄道と車を利用してインドネシアの世界遺産、ボロブドゥール遺跡を訪れよう。また、癒しを求めるなら，バリ島がおすすめ。バニュワンギから国内線でバリのデンパサールまで1時間足らずで行くことができる。

大迫力のボロブドゥール寺院！

行きたい季節

7月～8月

乾季の7月から8月は過ごしやすく天気が安定しているのでおすすめ。

旅の予算

約11万円～

日本からの往復航空券（燃油サーチャージ含む）、宿泊費を含む。

イジェン火山の頂上は、温泉などに多い硫黄臭が非常に強いです。マスクは必須！
標高も高いので明け方はかなり冷え込みます。上着を持っていきましょう。

絶景ごはん&おやつ

■ラウォン

ジャワ島東部のスラバヤの名物料理で、黒い色が特徴の牛肉のスープ。黒い色と塩味、風味はクルアックという木の実で付けられている。スパイシーだが、あっさりした味で、ご飯にかけてサラサラと食べてしまう。

帝釈峡の雄橋

日本・広島県

神様が架けた橋と言われる
世界三大天然橋のひとつ

雄橋（おんばし）は、水が川底へ侵食して地下の鍾乳洞に流れ込み、洞窟の天井だけが残ってできた橋と言われる。「神様が架けた橋」「鬼が架けた橋」と伝えられてきたパワースポット。アメリカのロックブリッジ、チェコのプラフチツカー・ブラーナと並ぶ世界三大天然橋。

絶景までの道のり

東京から約４時間、新幹線に乗って広島駅か福山駅へ。駅からはレンタカーで、約２時間で到着する。

Travel Plan

１日目　東京駅発 → 新幹線で広島駅へ → 車で帝釈峡へ

２日目　帝釈峡 → 車で広島駅へ → 新幹線で東京駅着

道草の楽しみ

帝釈峡の真ん中にある神龍湖では、下流と上流をゆっくり約 90 分かけて往復するカヤックを体験できる。湖面は穏やかなので疲れることなく景色を眺めながら自然を満喫できる。インストラクターが同行する点も安心。

湖を一周する散策コースもある。

行きたい季節

春か秋

春の新緑、秋の紅葉が素晴らしい。

旅の予算

約4.5万円〜

東京と広島の新幹線の往復料金、レンタカー料金を含む。

絶景ごはん＆おやつ

■三良坂フロマージュ

広島牛、こんにゃくラーメン、えごま、帝釈峡しゃも地鶏など神石郡ならではの名物を食べて帰ろう。さらに自然放牧で牛や山羊を育てて自家製チーズを販売している三良坂フロマージュに寄りたい。

プンタトンボとバルデス半島

アルゼンチン

穴ぼこの巣に住んでいる
ペンギンに会いたい！

バルデス半島はゾウアザラシ、ペンギン、クジラ、オタリア（アシカ科の動物）などが棲息する「動物たちの楽園」。またその南に位置するプンタトンボはかわいいマゼランペンギンの保護区になっている。これらの動物を間近で見ることができる、動物好きにとっても天国と言える土地。

絶景までの道のり

最寄はプエルトマドリン空港だが、運航便数が多いトレレウ空港を利用するほうが便利。トレレウ空港はブエノスアイレスから国内線で約2時間。バルデス半島までは約200キロ離れているので、タクシーを利用するよりも現地発ツアーに参加するほうが安いしガイドも付いていておすすめである。

「動物の楽園にお邪魔する」という気持ちで楽しみましょう。ペンギンに触ると人間の匂いが付いてしまい巣に帰れなくなります。触ったり驚かしたりしないように。

Travel Plan

1日目	成田空港発 → アメリカの都市で乗り継ぎ → 機中泊
2日目	→ ブエノスアイレス → トレレウ
3日目	トレレウ → 車でバルデス半島、プンタトンボへ
4日目	バルデス半島 → トレレウ → ブエノスアイレス
5日目	ブエノスアイレス → 機中泊 →
6日目	アメリカの都市で乗り継ぎ → 機中泊
7日目	→ 成田空港着

道草の楽しみ

バルデス半島ではアザラシと一緒にダイビングができる！水の透明度も水温も低いがアザラシと手をつなぐことができるほどの近い距離で潜れるのは、なかなかできない体験。動物好きのダイバーには絶対におすすめ。

アザラシに近づけるだけでも感激。

行きたい季節

12月

オタリアやアザラシは1年中いるが、ベストな月は12月で、ホエールウォッチングもペンギンも楽しめる。4月ごろからペンギンは移動するので見ることができなくなる。水温はとても冷たく16℃くらいしかない。ダイビング用のウェットスーツは7mm以上、キャップも必需品。

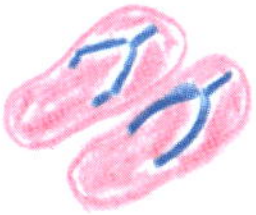

アザラシとダイビングしたのは初めてで、とっても楽しかったです。トレレウを拠点として移動してましたが、半島への距離、街の雰囲気からしてプエルトマドリンに宿をとればよかったなと思いました！

旅の予算

約27.5万円～

アルゼンチンの国内線を含む往復航空券の約26万円～（燃油サーチャージ含む）、宿泊費、ツアー代金を含む。

絶景ごはん＆おやつ

■ウェールズ紅茶

近郊都市のガイマンにはウェールズ人が多く、ウェールズ紅茶とウェールズ独特のジャムやケーキを食べることができる。「カサ・デ・テ」と呼ばれるティールームがたくさんあるので行ってみよう。

絶景を見ながら
食べたいお菓子

SWEETS

古い教会や寺院の周りには必ず名物菓子がある。
人が集まるスポットにも必ず人気のお菓子があるものです。
世界各国を仕事や旅で廻っている皆さんに
世界のスイーツを紹介してもらいました！

ブルターニュの塩キャラメル

ブルターニュ名物、塩バターキャラメル・クリームはマスト土産。同地で食べたキャラメル・クレープを日本で再現するのも楽しい。旅行中に味見のつもりで開封すると、なめらかなコクにヤラれ完食してしまう恐れあり。多めの購入を（笑）。（美味しい世界旅行）

台中の「宮原眼科」

日本統治時代的レトロデザインが完璧な台中の菓子店「宮原眼科」は、パイナップルケーキや月餅を収めた美しい本のようなパッケージのディスプレイがすでに絶景。カフェで優雅な午後茶も楽しめる。別コンセプトの系列店も行く価値あり。（美味しい世界旅行）

「汁が多め」は
ナームならでは！
珍しい♪

バンコクのカオニャオトゥリアン

2014年度「アジアのベストレストラン50」の1位に輝いたバンコクのタイ料理店「ナーム」で食べたデザートはカオニャオ・トゥリアン。塩気のあるココナッツミルクが引き立てるもち米とドリアンの濃厚な甘味に、タイの伝統へのリスペクトを感じる。（美味しい世界旅行）

台北・九份の芋圓

石畳の路地に提灯が煌々と灯る店がひしめき、人気アニメ『千と千尋の神隠し』の異世界のモデル？と言われた台北の九份。階段を昇った高台にある阿柑姨芋圓では、窓から九份の絶景を見ながら芋圓（里芋団子のみつ豆のような伝統菓子）を食べることができる。

※紹介者のプロフィールはp159

ロシアのパスハ

パスハとはロシア正教の復活祭のこと。そして復活祭に食べるものとして、まさに「パスハ」という菓子が各家庭で作られる。コッテージチーズ、蜂蜜、くるみ、レモンなどを混ぜ、角錐形や円錐形の専用の木型に入れて冷やし固めれば出来上り。

インドのソーンパプリ

綿飴を押し固めたようなインドの郷土菓子。ひと口頬張るとカルダモンとギーが香り、口の中ですぐに溶けてなくなる。飴とひよこ豆の粉から作られる生地にギーを加え、何度も引き伸ばしては重ね合わせ、細い綿飴状の繊維を作り上げる。（郷土菓子研究社）

エジプトのバスブーサ

そうめんを固めてオーブンで焼いたような菓子。シロップがしみ込んでとにかく甘く、一かけ食べればもうたくさん！となる味だが、地元の人はこれをキロ単位で大量に買い込む。炎天下を歩き回った後にはこれくらいの甘さが必要なのかもしれない。（中町信孝）

トルコのバクラワ

ガジアンテプはトルコ随一の食通の町。中東諸国でよく見られるバクラワも、鋭角の扇形に切り分けるのがこの町の流儀らしく、粉末ピスタチオの緑が目にも鮮やか。ミルクが練り込まれた生地はまろやかで甘く、別腹がいくらあっても足りない。（中町信孝）

旅をしたく
なったら
p158へ

シリアのブーザ

シリア名物の「のびるアイス」。ダマスカスのウマイヤド・モスクの近くにある店では、きまじめなシリア人店員が杵のような棒でついたアイスをガラスの器に盛り、たっぷりピスタチオをふりかける。ねっとりとした舌触りは妙に懐かしい味だ。（中町信孝）

エジプトのマハラベイヤ

このコクのある牛乳プリンがエジプトの定番スイーツと言っていい。イスラム地区はフサイン廟の向かいにある老舗の甘味処では、ナッツや干しぶどうのたっぷりかかった特製マハラベイヤに出会える。世界遺産の真ん中で食べる極上スイーツだ。（中町信孝）

チーズが
とろーり
伸びるよ♥

トルコのキュネフェ

パリッと焼かれた生地からチーズが伸びるトルコ南東部ハタイの郷土菓子。カダイフと呼ばれる細い麺と無塩のチーズを大きな鉄板に広げて弱火で両面をじっくりと黄金色になるまで焼き、仕上げに甘いシロップをたっぷりと浸せば出来上がり。（郷土菓子研究社）

ルーマニアのパパナシ

カッテージチーズを練り込んだルーマニアのドーナツ。添えられるスムントゥナ（ルーマニアのサワークリーム）のコクと赤いジャムの酸味の組み合わせが美味しい。菓子屋ではなく、一般的にカフェやレストランで食べられる。（郷土菓子研究社）

エギーユ・デュ・ミディ

フランス

標高 3777m の展望台へ行く スリル満点のロープウェイ

西ヨーロッパ最高峰モンブランをはじめ険しいアルプスの大絶景をパノラマで眺められる展望台。標高3777メートルの切り立った断崖の山頂にあるのでスリルも満点！もちろんその展望台へ行くまでのロープウェイからも足がすくみそうな大絶景が見られる。

絶景までの道のり

成田空港からジュネーヴへの直行便がないので、ヨーロッパの都市で乗り継ぐ。アムステルダム経由なら比較的、安い。ジュネーヴからバスに乗り、モンブランのふもとにある山岳リゾート、シャモニーへ。バスに乗らずあえて鉄道で遠回りを楽しむのもいい。シャモニーからロープウェイに乗り、3777メートルのエギーユ・デュ・ミディ山頂の駅までは、途中のプラン・ド・レギィユで乗り継げば、約20分で行ける。高低差は約2800メートル。上部のロープウェイは岩壁に沿っているため、高度差1470メートルの間に支柱が1本もない。絶景というより絶叫ロープウェイ。

Travel Plan

1日目	成田空港発 → オランダ → ジュネーヴ
2日目	ジュネーヴ → バスでシャモニーへ
3日目	シャモニー → エギーユ・デュ・ミディ → シャモニー
4日目	シャモニー → バスでジュネーヴへ → 機中泊
5日目	成田空港着

展望台には床もガラス張りの展望スペースがあってスリル満点！

道草の楽しみ

エギーユ・デュ・ミディから先へ、別のロープウェイでジュアン氷河を渡ってみよう。イタリア側の展望台である標高3462メートルのプンタ・エルブロンナーへと、ロープウェイによる「国境越え」を体験できる。ヴァッレ・ダオスタ州アオスタ渓谷のクールマイユール近くの小さな村ラ・パリューまで行けば、イタリア周遊も楽しめる。

ラ・パリューは小さいが美しい村。

行きたい季節

7月～8月

標高4000メートル近い場所なので、雪山登山などの目的でない限り、夏がおすすめ。夏でも10℃以下になるほど寒いので防寒着は必須。

ロープウェイで一気に上がるので高山病になる人も。体調が悪くなったら無理せず休むか、下山しよう。

山の天気は変わりやすいので朝早いロープウェイで向かうといい。

旅の予算

約16.5万円～

航空券の約15万円～（燃油サーチャージ含む）、シャモニーまでの鉄道の往復料金約6000円～、シャモニーからエギーユ・デュ・ミディ展望台までの往復€50～を含む。

絶景ごはん＆おやつ

■チーズフォンデュ

シャモニーの名物料理と言えばチーズフォンデュ。食べきれないくらいたっぷりの量で鍋いっぱいのチーズが出てくる。

バドシャヒ・モスク

パキスタン

一度に 10 万人が礼拝できる ピンク色のモスク

「ラホールより美しい街はラホールだけ」とパキスタン人が誇る古都にバドシャヒ・モスクはある。ラホールの象徴とも言えるこのモスクは、一度に 10 万人が礼拝できる規模を持つ。インドのジャイプールから運ばれた赤砂岩で建てられたその姿は、白い大理石ともマッチして印象的。

絶景までの道のり

成田空港から往路は月曜と金曜、復路は日曜と木曜にパキスタン航空が利用できる。ただし直行便はなく、北京とイスラマバードで乗り継いで、ラホールに到着するまで約 13 時間かかる。そのほか、タイ国際航空を利用してバンコクを経由すれば乗り継ぎが 1 回で済むが、ラホール到着までに約 15 時間かかる。

Travel Plan

1日目	成田空港発 → バンコクで乗り継ぎ→ ラホール
2日目	ラホール観光
3日目	ラホール → バンコクで乗り継ぎ
4日目	成田空港着

パキスタンというと治安が悪いイメージがありますが、実際パキスタン人は皆フレンドリーであたたかい。世界遺産や観光地が多く、見どころ満載です。

道草の楽しみ

世界遺産にも登録されているラホール城は必見。また、パキスタンの首都イスラマバードには世界最大級のシャーファイサル・モスクがあり、内部が 15000 人、外部では 85000 人が一度に礼拝できる規模を誇る。

破壊され 16 世紀に再建されたラホール城。

行きたい季節

9月～11月

5 月から 7 月前半にかけては気温が 40°Cから 45°Cまで上がり、7 月後半から 8 月には雨期に入る。12 月から 1 月が最も寒く、－ 1 度まで気温が低下する。

夏でも肌の露出が高い服装は禁止。男性でも短パンは禁止されているのでご注意を。

パキスタンは禁酒国なので、公共施設では飲酒はできません！ただし、イスラマバードで許可書を持っているホテルでは、時間限定で酒が販売され、部屋でのみ飲酒できます。

旅の予算

約 16 万円～

タイ国際航空利用の往復航空券の約 14.5 万円～(10 月中旬出発・燃油サーチャージ含む)、宿泊費、食費を含む。

絶景ごはん＆おやつ

■カレー

カレーがオススメ！　牛肉をトロトロに煮込んだカレー「ネハーリー（ニハーリー）」や、山羊の足を煮込んだ、これもまたトロトロのカレー「クンナゴーシュト」が美味しい。

ビーチーヘッド

イギリス

7人の修道女にたとえられる 白く連なる絶壁

イーストボーンにある、連なる白い絶壁の形が、7人の修道女にたとえられて「セブンシスターズ」と言われている。白さの理由は石灰岩でできているから。海と空の青、絶壁の白、丘の上の緑のコントラストが絶妙。崖の下に降りることもできるので時間があれば、ぜひ歩いてみよう。

絶景までの道のり

まずはロンドンへ。到着したら列車に乗ってイギリス南東部イーストボーンへ向かう。約1時間30分で、こじんまりとした海辺の田舎町に到着する。駅からブラブラ歩いて海をめざせば目的のビーチーヘッドが見えてくる。

Travel Plan

1日目	成田空港発 → ロンドン
2日目	ロンドン → 列車でイースボーンへ
3日目	イーストボーン観光
4日目	ロンドン観光
5日目	ロンドン → 成田空港着

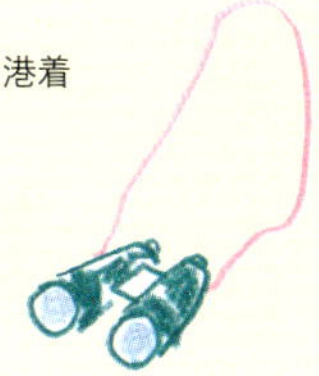

道草の楽しみ

イギリス南東部のリゾートタウン（日本でいう熱海？）、ブライトンやヘイスティングスの散策も楽しもう。少し足をのばし、歴史のある素敵なティールームがたくさんあるライ村散策も忘れずに！

石畳、古い町並みが美しいライ村。

行きたい季節

冬以外

冬はさすがにドーバー海峡に面しているので、風も強く寒い。

旅の予算

約18万円～

ロンドンまでの航空券16万円～（燃油サーチャージ含む）、ロンドンからイーストボーンまでの列車代を含む（1等8000円～、2等6200円～）。

絶景ごはん＆おやつ

■アフタヌーンティー

思い切って地元民でにぎわっているパブでランチにトライしてみよう。また、ライ村でスコーンやケーキ、サンドイッチを食べて、アフタヌーンティーを楽しむのもおすすめ。

ワイトモ洞窟

ニュージーランド

洞窟で星空のように輝く青白い光の正体は…

真っ暗な洞窟の中で神秘的に輝く青白い光。光の正体は「土ボタル」。まるで満天の星空のような幻想的なワイトモ洞窟は、約3000年前は海底にあり、地殻変動で地上に現れ、1887年に発見された。「大聖堂」と呼ばれる場所は天井の高さが18メートルもあり、音楽会などが催される。

絶景までの道のり

おすすめは夜に成田空港を出発してオークランドへ到着する方法。さらに約3時間、バスに乗ればワイトモに到着する。日本からはニュージーランド航空の直行便でオークランドに入るか、シンガポール・クアラルンプール・バンコク・ソウル・香港・台湾・広州・シドニーなどで乗り継ぐルートがある。オークランドやロトルアからの現地発のツアーを利用する方法もある。

Travel Plan

1日目	成田空港発 → 機中泊
2日目	オークランド → バスでワイトモ洞窟へ
3日目	ワイトモ → ロトルア → オークランド
4日目	オークランド → 成田空港着

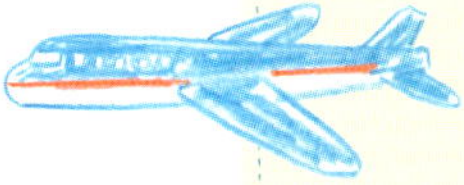

道草の楽しみ

ワイトモ洞窟と一緒にロトルア観光もおすすめ。ロトルアには温泉があり、間欠泉、先住民マオリ村、マオリショー、羊の毛刈りなどが見られる。

行きたい季節

1年中

日本と同様に四季があり、日本と季節が逆になる。比較的温暖な気候で、1年中観光が楽しめる。

ワイトモ洞窟内での写真、ビデオ撮影は禁止されています。でも外部からは撮影できます。

洞窟観光はある程度汚れてもかまわない服や履き慣れた靴で参加しましょう。

旅の予算

約10.2万円～

オークランドまでの往復航空券の約8万円～（燃油サーチャージ含む）、オークランド発のワイトモ洞窟1日観光ツアー料金NZ$250～を含む。

絶景ごはん&おやつ

■ハンギ

地面に穴を掘り、濡れた布で覆った食材を熱した石の上に置き、蒸気が通るように盛り土でかぶせ蒸し焼きにする、マオリの伝統料理。肉、キャベツ丸ごと、ジャガイモなどを約3時間蒸すだけ！

RATHAUSCAFE

ネルトリンゲン

ドイツ

巨大クレーターの跡地に いまも残る中世の町並み

漫画『進撃の巨人』のモデルとなった町と言われているが、欧米人には昔から人気の観光地。隕石でできたクレーター上に町を築き、円形状の市壁でぐるりと囲まれている。市壁や民家はほぼ完璧に中世の面影を残し、中心部の聖ゲオルク教会からは直径1キロの町の全貌を見渡せる。

絶景までの道のり

成田空港を出発し、まずはミュンヘンへ。そこからレンタカーで約1時間30分～2時間でネルトリンゲンへ到着。鉄道を利用する場合は、約3時間でネルトリンゲンに到着。

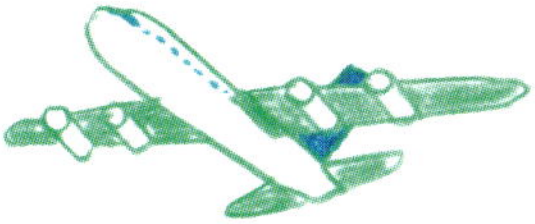

Travel Plan

1日目　成田空港発 → ミュンヘン → 車か鉄道でネルトリンゲンへ

2日目　ネルトリンゲン → 車か鉄道でミュンヘンへ → 機中泊

3日目　成田空港着

道草の楽しみ

観光名所が多いロマンティック街道沿いにあるため、ちょっと足をのばせば美しい中世の町並みが残るローテンブルク、世界遺産に登録されている司教館のあるヴュルツブルクなどにも立ち寄れる。いずれも鉄道で移動可。

中世の町並みが残るローテンブルク。

行きたい季節

6月～9月

観光シーズンは暖かくなる4月から10月までだが、特に気候がよく過ごしやすい6月から9月がおすすめ。ドイツのほかの都市と同様、12月にはクリスマスマーケットでにぎわう。

ネルトリンゲンは地質学的にも面白い土地なのでゲオパークとしてのツアーなどもあります。

旅の予算

約14万円～

ミュンヘンまでの往復航空券はシーズンにより10万円台～20万円台までと幅がある。例えばスカンジナビア航空の7月中旬の往復料金は約14万円～、9月中旬なら約18万円～（燃油サーチャージ含む）。

絶景ごはん＆おやつ

■黒い森のさくらんぼ酒ケーキ

初夏から市場に出回る旬のさくらんぼとさくらんぼ酒をたっぷり使ったチョコレートケーキ「シュヴァルツヴェルダー・キルシュトルテ」がおすすめ。定番の菓子なのでカフェやレストランで1年中食べられる。

隕石が落ちた跡のクレーターに作られた都市、ドイツのネルトリンゲンを空から見てみる。

三光寺の提灯祭

韓国

無数の５色の提灯が
寺の中をキラキラに☆

韓国の仏教寺院では毎年、「釈迦の日（旧暦４月８日）」の約10日前から提灯行事が行われる。釜山の三光寺（サングァンサ）の提灯イベントは、その中でも最も華やかで、最大規模を誇る。2013年にアメリカのCNNが選んだ韓国の絶景TOP50にランクインして知名度が上がった。

絶景までの道のり

成田空港もしくは羽田空港からの直行便（大韓航空または日本航空）でプサンへ。釜山地下鉄１号線に乗り、釜田駅１番出口からタクシーに乗って約９分ほどで到着する。

釜田駅や西面駅からバスに乗って三光寺へ行くこともできる。

Travel Plan

１日目	成田空港発 → プサン
２日目	プサン → 地下鉄１号線釜田駅 → タクシーで三光寺へ → プサン
３日目	プサン観光
４日目	プサン発 → 成田空港着

道草の楽しみ

南浦洞界隈（国際市場）でB級グルメや買い物が楽しめる。近くには映画の街「プサン」を象徴するPIFF広場もあり映画館がひしめく。金井山の麓には韓国５大寺院のひとつ、正梵魚寺もある（現存するのは17世紀に再建）。

昔からの港町ならではの活気！

行きたい季節

４月中

提灯祭は釈迦の日（旧暦の４月８日）前後にのみ開催される。

旅の予算

航空券の約3.5万円～（燃油サーチャージ含む）、ホテル１泊約5000円～、タクシーや地下鉄料金の約１万円～を含む。

絶景ごはん＆おやつ

■ナッチポックン

海産物料理が美味しいプサンは、手長タコと野菜を唐辛子味噌とニンニクで炒めた「ナッチポックン」が名物。プサンのナッチポックンの発祥の店と名高い凡一洞（ポミルドン）のハルメチッも行ってみよう。

エリデイ島

アイスランド

どんな人が住んでるの？
島にポツンとある謎の家

アイスランドのウェストマン諸島にある、牧草地と1軒の小屋のみの島。険しい断崖絶壁と、えぐったような地形にあまりにもインパクトがあったため、「アイスランドがビョークに贈った家」などとネット上で噂が飛び交った。もともとは海鳥の狩のために使われていた島とのこと。

絶景までの道のり

まずは成田空港からアイスランドの首都、レイキャヴィークへ。国内線もしくはフェリー（どちらも約30分）でヘイマエイ島へ渡り、現地のボートツアーに参加すれば「エリディ島」を見ることができる。また、レイキャヴィークからヘリコプターツアーに参加して上から「エリデイ島」を見る方法もある。

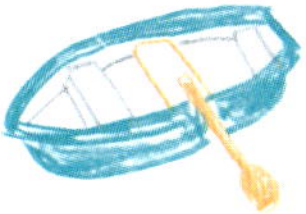

Travel Plan

1日目	成田空港発 → ヨーロッパの都市で乗り継ぎ → レイキャヴィーク
2日目	レイキャヴィーク → ヘイマエイ島 → ボートでエリデイ島へ
3日目	ヘイマエイ島 → レイキャヴィーク → ヨーロッパの都市で乗り継ぎ → 機中泊
4日目	→成田空港着

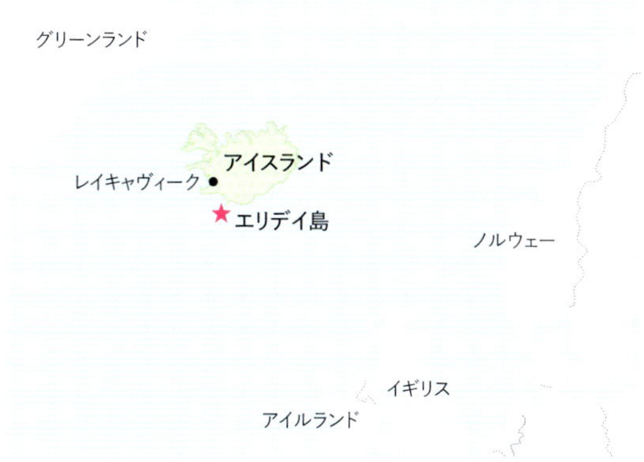

道草の楽しみ

ヘイマエイ島周辺では海鳥のパフィンがたくさん見られる。鮮やかなくちばしと顔の模様から「海のピエロ」とも呼ばれ、アイスランドでは古くから親しまれている。ボートツアーでは岩壁の岩穴に巣を作る様子を見てみよう。

行きたい季節

6月下旬〜8月

夏の6月から8月が過ごしやすくおすすめ。日本では体験することのできない、白夜の季節でもある。それを過ぎれば今度はオーロラが見られるので、あえて夏を外して行ってもいい。

雨天時やフェリー乗車時は肌寒いため、夏場でもはおるものを常備しましょう。

アイスランドは物価が高いです。マクドナルドのセットで約1400円！覚悟しよう。

旅の予算

約26.5万円〜

成田空港からレイキャヴィークの往復航空券（燃油サーチャージ含む）、宿泊費を含む。

絶景ごはん＆おやつ

■ピルサ

アイスランドではホットドッグのことを「ピルサ」と言う。見た目は普通だが、ラム肉、レモングラスのソースなど種類もいろいろ。物価の高いアイスランドで、約400円で食べられる点も魅力的。

花見山公園

日本・福島県

「福島に桃源郷あり」
名写真家が絶賛した花の山

梅、シダレザクラ、ソメイヨシノ、レンギョウ、木蓮、桃、つつじなどが咲き誇り、約1万平方メートルの山がピンク色に染まる。花木畑でもあり、花々は商品として出荷される。日本の大女優たちを撮影してきた写真家の故・秋山庄太郎氏が「福島に桃源郷あり」と称えたことでも有名。

絶景までの道のり

東京駅から新幹線に乗って約1時間40分で福島駅へ。福島駅東口の8番乗り場（渡利南回り）から約20分、「花見山入口」で下車する。タクシーだと約1500円～で、花見山のふもとまで入ることができる。花見シーズンの4月は福島駅から臨時バスも運行される。

Travel Plan

1日目　東京駅発 → 新幹線で福島駅へ → バスで花見山公園入り口へ → 福島駅 → 新幹線で東京駅着

道草の楽しみ

吾妻山・安達太良山のふもとにある4つの名湯、奥州三名湯のひとつである飯坂温泉、源泉が豊富でいろんな泉質が楽しめる土湯温泉、源泉かけ流しの高湯温泉、珍しい酸性泉の岳温泉をめぐってみよう。

飯坂温泉には松尾芭蕉も訪れた。

行きたい季節

4月中旬

梅、ハナモモ、数種類のサクラなどが咲く4月中がおすすめ。期間中は臨時バスが福島駅から運行される。

旅の予算

約1.8万円～

東京から福島までの新幹線往復料金、福島駅から花見山公園の往復料金を含む。

絶景ごはん＆おやつ

■円盤餃子

花見山公園の近くにある、福島の円盤餃子発祥の店とされている「満腹」に寄るのがおすすめ。皮は自家製で、注文を受けてから包むとのこと。1皿30個だが、1人でもペロッと食べられてしまう。

福島名物ではないですが、東京駅の新幹線ホームで販売しているゆで卵が絶品です。朝イチでないとなくなってしまうので見つけたら即購入です！

オカバンゴ・デルタ

ボツワナ

ゾウ、カバ、ヒョウに会える
世界最大の湿地帯でゆったり

「海に出ることのない川」と言われている世界最大の湿地帯。ボツワナの乾いた土地で生きるゾウやワニ、カバ、バッファローたちにとっては、オアシスとなっている。また、ロッジから利用できるセスナや、「モコロ」と呼ばれるカヌーで大自然を満喫することができるのも楽しい。

絶景までの道のり

まず成田空港から香港空港へ。次に香港空港から南アフリカ・ヨハネスブルグのO・R・タンボ国際空港へ行く。さらにタンボ空港からマウン空港へ行き、ボツワナに入る。フライトの所要合計時間は約23時間。これが乗り継ぎが一番少ない方法だ。オカバンゴ・デルタはマウン空港の近くにあり、首都のハボロネからは飛行機で約1時間半、車だと11時間かかる。ヨハネスブルグからマウンまでの便は毎日1～2便出ており、日本発着の場合、往路は夕方発午後着、復路は午後発夜着が多い。早すぎず遅すぎず、行きやすく帰りやすい時間帯であるため、時間に捉われずに行動できるのは大きなメリット。

Travel Plan

1日目	成田空港発→香港で乗り継ぎ→ヨハネスブルグ
2日目	ヨハネスブルグ → マウン → セスナでオカバンゴ・デルタのロッジへ
3日目	オカバンゴ・デルタ → セスナでマウンへ → ヨハネルブルグ → 香港で乗り継ぎ → 機中泊
4日目	→ 羽田空港着

道草の楽しみ

ハボロネのモコロディ野生動物保護区はゾウやライオンに会え、ナイト・ドライブやサファリ歩きで盛り上がれる。カサネのチョベ国立公園も最も簡単にゾウの大群が見られる場所のひとつ。ボートやビクトリアの滝も楽しもう。

カバ、ヒョウにも会える！

行きたい季節

4月～10月

気温が比較的穏やかな乾季（4から10月）がおすすめ。宿泊施設であるシャレータイプの高級ロッジは、乾季は1年ほど前から予約が埋まってしまい、雨季（11から3月）は閉まっていることが多いので要注意。

万が一強盗に遭ったら、犯人がナイフを所持している場合もあるので、反抗せず素直にお金を渡したほうが身のためです。

虫除けスプレー必須。サファリカーへの乗り降りがあるので長袖、長ズボン、スニーカーが好ましいです。

旅の予算

約26万円～

航空券の約24万円～（燃油サーチャージ含む）、宿泊費（各ロッジへ行くための専用セスナ機での送迎・アクティビティ・食事代が宿泊費に含まれることが多い）を含む。

絶景ごはん＆おやつ

■セスワ（チュトロ）

いろんな行事で食べられる肉料理。国民食と言ってもいい。足が3つ付いた鉄鍋の中で水と塩のみで調理し、大きな木製のスプーンで叩く。また、セロベという鶏肉料理も歓迎のご馳走として食べられる。

10
9
Chambres
4

マトマタ

チュニジア

巨大な穴居住居群は
スターウォーズのロケ地

映画『スター・ウォーズ』のロケ地として有名なマトマタは、チュニジア南部にある。巨大な穴を掘り、横穴をめぐらせた「穴居住居」が見どころだが、実際に宿泊できるホテルのほか、レストランやバーもある。サハラ砂漠に位置しているので、ラクダに乗って近隣を巡るのも楽しい。

絶景までの道のり

日本から夜出発のカタール経由やトルコ経由で行くと、日中にチュニジアの首都チュニスに到着する（ヨーロッパ経由では深夜に着く）。さらに国内線で中部の都市、ガベスへ。そこから路線バスに約１時間乗ってマトマタに行こう。現地のバスが不安な人は、ビーチリゾート、ジェルバ島のホテルから現地発着のサファリツアーで参加して行く方法もある。

Travel Plan

1日目	成田空港発 → カタールで乗り継ぎ → チュニス
2日目	チュニス → ガベス → バスでマトマタへ
3日目	マトマタ → バスでガベスへ → チュニス
4日目	チュニス → カタールで乗り継ぎ
5日目	成田空港着

道草の楽しみ

せっかくなのでサハラ砂漠を体験しよう。サハラ砂漠北部最大の塩湖ジェリド湖やオアシス都市ドゥーズ、トズールに立ち寄るのがおすすめ。ラクダに乗って観光できるラクダサファリなど、現地発の砂漠ツアーも人気。

ラクダに乗ってサハラ砂漠を観光！

行きたい季節

10月～5月

秋から春にかけてがおすすめ。真夏は40℃を超えることもあるので避けたい。大陸性気候のため朝晩の気温差が激しい点に注意。暑いが、イスラム教国なので、外出時、女性は露出度の高い服装は避けよう。

荒涼とした砂漠の中に突如現れるクレーターの風景はまさに『スターウォーズ』の世界！『スターウォーズ』にちなんだバーもあってファンにはたまりません！

旅の予算

約20万円～

チュニスまでのターキッシュエアラインズの往復航空券（燃油サーチャージ含む）と、国内線航空券、現地の路線バス料金を含む。

絶景ごはん＆おやつ

■クスクス

クスクスは北アフリカ発祥で、いまでは世界中で食べられている地域性が豊かな料理。せっかくなので本場のクスクスを食べてみたい！“タベル”というチュニジアならではのスパイスミックスを味わおう。

蔵王の樹氷

日本・山形県／宮城県

生物がまったくいない湖と樹氷！　神秘に満ちた山

カルデラ湖の御釜や樹氷などが見られる蔵王。雲粒が樹木で凍り、幻想的な氷の林を作り出す「樹氷」は日本でしか見られない。季節や天候で変わる淡い緑色が美しい御釜は、生物がいっさい棲息しておらず、70万年前から始まったとされる火山活動でできた湖で地球の歴史を感じられる。

絶景までの道のり

樹氷を見るには蔵王温泉街から蔵王ロープウェイに乗るのが一番。蔵王温泉へ行くには、山形駅から路線バスに乗る。冬は仙台駅か予約制の高速バスが出る。また、5色に変化すると言われる御釜までは、宮城県側と山形県側の2つのルートがある。東京から近いのは宮城県白石蔵王駅を拠点に向かう方法。車で蔵王エコーラインから「蔵王ハイライン」に入り、終点の蔵王レストハウス駐車場に車を止め、展望台へ。蔵王レストハウスが御釜の観覧ポイントだが、そこから遊歩道を使って刈田岳頂上や馬の背に向かうこともできる。毎年11月から4月までは雪のため道路が閉鎖されるので注意。

Travel Plan

1日目	東京駅発 → 新幹線で仙台駅へ → バスで蔵王温泉へ
2日目	蔵王温泉 → 蔵王ロープウェイで樹氷観光
3日目	蔵王温泉 → バスで仙台駅へ → 新幹線で東京駅着

道草の楽しみ

蔵王に行くなら温泉に泊まりたい。山形蔵王温泉は独特な乳白色で、ほとんどの宿が源泉かけ流しの温泉である。遠苅田温泉もおすすめ。

御釜には入れないけど温泉に入ろう。

行きたい季節

12月下旬～3月上旬

樹氷の形成時期は12月下旬から3月上旬。御釜は、4月下旬の蔵王エコーラインの開通から5月中旬ごろまでは雪の壁を体験できる。夏にはマイナスイオンたっぷりの新緑、9月下旬からは赤や黄色に燃える紅葉を楽しみならドライブ！

旅の予算

約3万円～

東京都と仙台の往復料金の約2.2万円、仙台から蔵王温泉の高速バス往復料金3000円～、蔵王ロープウェイ往復代2600円～を含む。

絶景ごはん＆おやつ

■芋煮

蔵王に行ってトライしたいのが山形名物の芋煮。地元食材たっぷりの鶏の出汁の郷土料理。見た目はシンプルだが何杯も食べたくなる。日本を代表する美味しさ。

元陽の棚田

中国

総面積は 12 万ヘクタール！
ここでしか見られない棚田

日本の棚田の総面積の半分以上の大きさ。約 12 度～ 75 度の険しい斜面に作られた棚田は世界でも稀である。大きさはさまざまで段数が多く、5000 段以上の棚田もある。谷間から海抜2000メートルの頂上までをびっしりと占めるその光景はまさに圧巻！

絶景までの道のり

まずは成田空港から北京・成都・上海・広州のどれかで乗り継ぎ、昆明へ。昆明までは成田空港からの乗り継ぎ時間も含め約 9 時間。昆明にはその日の夜に到着するので、昆明で 1 泊するか、寝台バスで雲南省元陽市の新街鎮まで移動しよう。バスの時間は正確ではないため、できれば昆明での宿泊をおすすめする。昆明から新街鎮までバスで約 6 時間。そこからタクシーやミニバンをチャーターして棚田まで約50分かけて到着。飛行機＋バス＋タクシーで棚田に辿り着くまで最低でも約16時間かかる。

1 日目	成田空港発 → 成都で乗り継ぎ →昆明
2 日目	昆明 → 高速バスで元陽の新街鎮へ
3 日目	元陽観光
4 日目	元陽の新街鎮 → 高速バスで昆明へ
5 日目	昆明 → 成都で乗り継ぎ → 成田空港着

道草の楽しみ

主に老孟、黄草嶺、黄芽嶺で開催される元陽周辺のマーケットへ行こう。開催日が曜日によって異なるので、事前にホテルスタッフなどへ聞いてから行くのがおすすめ。

少数民族がたくさん。品揃えが面白い。

行きたい季節

棚田に水が張ってある時期が美しくおすすめ。

5 月の田植えの時期になると田んぼに水が張っていない！

バスの時刻が正確でない（ !? ）ので、最新のものは現地で確認するのがいいです。標高が高いので、せっかく見に行ったのに霧がかかってました（>.<）

絶景ごはん＆おやつ

■過橋米線

つけ麺のように熱々のスープに麺や具を入れて食べる。「米線」とは米からできた麺で、昆明では 100 年以上食べられている伝統食。さまざまな雲南特産漢方薬がスープの調味料として使われているため、健康促進効果もある。

旅の予算

約 6 万円～

航空券の 5.9 万円～(燃油サーチャージ含む）昆明から元陽の新街鎮までの高速バス料金を含む。

本で味わう
絶景

BOOK

絶景にまつわる歴史、そこに暮らす人々について知るには本が一番。
絶景を舞台に紡がれた世界の名作を読み耽るのも、
最高の絶景旅行です。
絶景が誘うブックガイドとして、18 作品を紹介しましょう。

著：スーザン・ソンタグ
訳：富山多佳夫
みすず書房

『火山に恋して』

ヴェスヴィオ火山（イタリア）

世界遺産の地として、またポンペイの大災害で知られる火山が舞台。フランス革命を背景に、欧州の文化と芸術、火山学、歴史が織り込まれ、濃密な愛と死のドラマが展開される。ナポリに行くならぜひ読んでおきたい。

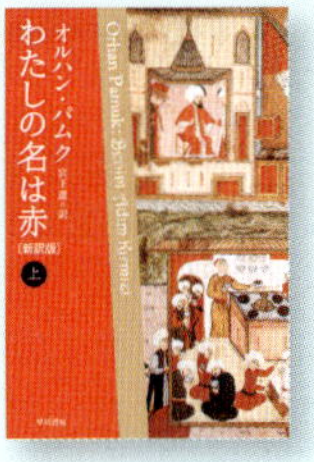

著：オルハン・パムク
訳：宮下遼
ハヤカワ epi 文庫

『わたしの名は赤』

イスタンブール（トルコ）

16 世紀、雪のイスタンブルを舞台に、細密画師たちの世界、絵画論、殺人事件、長年の恋の行方が語られる。アヤソフィアやラーレリ地区、エディルネ門など、世界遺産で繰り広げられる物語に引き込まれていっき読み！

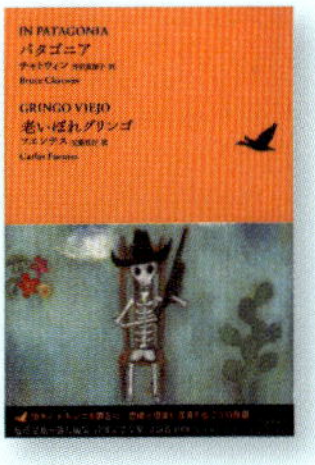

マゼラン
ペンギンも
出てきます♥

著：ブルース・チャトウィン
訳：芹沢真理子
河出書房新社

『パタゴニア』

パタゴニア（チリ・アルゼンチン）

祖母に「パタゴニアの恐竜の皮」を譲られたときから、パタゴニア旅行を夢見ていた少年が、大人になって本当にパタゴニアを旅して書いたエッセイ。37 ページで紹介した、プエルトマドリンやガイマン村も登場する。

著：ジャック・ケルアック
訳：青山南
河出文庫

『オン・ザ・ロード』

ロッキー・山脈（アメリカ）

ロッキー山脈、ネバダ砂漠、チワーワの星空、よもぎの大草原などの描写を読むと旅に行きたくなる。アップルパイ、桃のアイス、チャプスイ、タコス、トルティーヤなど地域食がいっぱい出て来るのも楽しい。

著：ジェーン・オースティン
訳：中野康司
ちくま文庫

『ノーサンガー・アビー』

バース（イギリス）

痛風治療中の大地主のバース旅行に、17 歳のキャサリン一家も同行することに。世界遺産のバースは男女が出会う社交の場。舞踏会の会場、鉱泉水が飲めるポンプルームなど、バースの詳細が興味深い。

著：イサク・ディネセン
訳：横山貞子
河出書房新社

『アフリカの日々』

ンゴング丘陵ナイロビ（ケニア）

『バベットの晩餐会』で有名なイサク・ディネセンは、ケニアのンゴング丘陵でコーヒー農園を経営していた。飛行機から見るンゴング丘陵、フラミンゴの群れなど、彼女がアフリカ滞在中に見た絶景が描かれる。

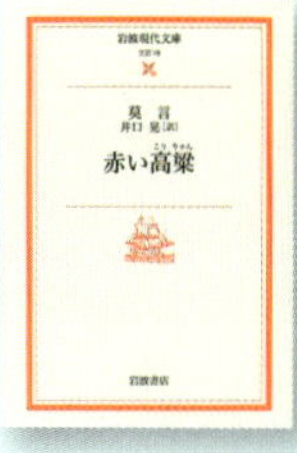

著：莫言
訳：井口晃
岩波現代文庫

『赤い高粱』

山東省高密市（中国）

広大な高粱畑が大地を赤く染めていた抗日戦争期の農村。グロテスクで力強い語りは魔術的ともいわれる。今のところ読書で絶景を想像するしかないが、ノーベル賞受賞により、高密市は高粱畑の再生計画を発表している。

著：フョードル・ドストエフスキー
訳：工藤精一郎
新潮文庫

『罪と罰』

サンクトペテルブルク（ロシア）

世界遺産の古都なので観光名所は多数。謎とされていた物語の舞台は現在ほぼ解明され、街角には石板や銅像が設置されている。毎年7月第1土曜日は「ドストエフスキーの日」とされ、関連イベントも開催されている。

コロンビアの
濃密な空気に
どっぷり浸る

著：ガルシア・マルケス
訳：木村榮一
新潮社

『コレラの時代の愛』

カルタヘナ（コロンビア）

半世紀以上にわたる愛の物語を植民地、コレラ、内戦、沼沢地、大河などを背景に描く。舞台と考えられる港町はぼやかされているが、濃密な語りの中に南米の空気が充満し、読むだけで疑似旅行をしている気分に浸れる。

著：バルガス・リョサ
訳：西村英一郎
岩波文庫

『密林の語り部』

リマ（ペルー）

マチュピチュの奥地を放浪するマチゲンガ族に魅せられ、彼らの「語り部」について書きたいと願う主人公と、リマで共に大学時代を過ごした友人が不思議な再会を果たす。南米に興味のある人は必読！

旅をしたく
なったら
p158へ

著：E・M・フォスター
訳：瀬尾裕
ちくま文庫　※現在絶版

『インドへの道』

ビハール州の石窟寺院（インド）

古い石窟寺院へイギリスの夫人を連れて行ったインド人医師が無実の罪に問われる物語。舞台のモデルは、バラーバル・ナーガールジュニ丘陵にあるインド最古の石窟寺院、ローマス・リシ石窟とスダーマ窟と言われる。

著：J.M. クッツェー
訳：鴻巣友季子
ハヤカワ epi 文庫

『恥辱』

ケープタウン（南アフリカ）

ケープタウンの大学で教えていた主人公がスキャンダルで失脚。東ケープの高地で娘と暮らすが、そこでも恐ろしい事件が起きる。夜景の灯りと蛍の美しさで有名な絶景、シグナルヒルもある一場面に登場する。

著：マルグリット・デュラス
訳：清水徹
河出文庫

『愛人（ラマン）』

チョロン（ベトナム）

メコン川の支流を行く船上で出会った白人少女と中国人青年は、中華街の一室で逢い引きを繰り返す。チョロンはベトナム最大の中華街であり、現在は食べ歩きや寺院巡りとともに、映画版のロケ地としても知られている。

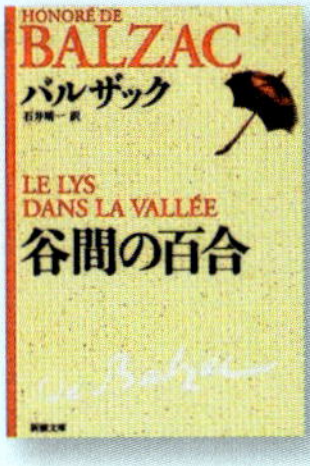

著：オノレ・ド・バルザック
訳：石井晴一
新潮文庫

『谷間の百合』

ロワール地方（フランス）

物語の舞台は今も美しい自然や古城が数多く残る世界遺産の地。バルザックは古城の1つサッシェ城でこの小説を執筆した。小説の世界がほぼそのまま体験できる観光地として希有な例。旅行前にぜひ読んでおきたい。

青春時代の旅は
若者をいかに
変えるのか？

著：トーマス・マン
訳：関泰裕・望月市恵
岩波文庫

『魔の山』

ダヴォス（スイス）

「単純な一青年」が徐々に精神的成長をとげていく様を丹念に描いた名作。物語の舞台はウィンタースポーツや氷河特急の発着点として有名な谷間の村ダヴォス。主人公の青年と同じように列車を乗り継いで赴くのも一興。

著：和田英
ちくま文庫

『富岡日記』

富岡製糸場（群馬県）

世界遺産に登録された富岡製糸場で伝習工女となった明治女性の日記。日本の近代殖産興業、女性の社会参加を知る上では格好のテキスト。観光に行く前に読んでおけば富岡製糸場をさらに深く楽しむことができるだろう。

著：ミラン・クンデラ
訳：千野栄一
集英社文庫

『存在の耐えられない軽さ』

プラハ歴史地区（チェコ）

舞台はプラハ、ジュネーブ、パリなど様々だが、大戦で破壊されたままの旧市庁舎、「いかめしい」と形容されるティーン聖堂など、今や世界遺産として観光地化した歴史地区が「プラハの春」を時代背景に描かれている。

著：アントニオ・タブッキ
訳：須賀敦子
白水社

『供述によるとペレイラは…』

リスボン（ポルトガル）

1938年、ファシスト政権下。真夏のリスボンを舞台に、新聞記者が政治運動に巻き込まれるというお話だが、大通りや広場、保養地などが実名で登場し、かつ食事の場面が頻出する。旅行＆食べ物小説として読んでも面白い。

ホタルイカの身投げ

日本・富山県

新月の夜、富山の浜辺が青白い光で輝く！

春の「新月」前後、産卵のために深海から富山湾沿岸に押し寄せたホタルイカが、月明かりが暗いために方向を誤り、浜辺に打ち上げられる現象が「ホタルイカの身投げ」と言われている。体中に1000個もの発光器を持ち、青白い光をいっせいに放つ自然のイルミネーション！

絶景までの道のり

まずは富山空港へ。空港からバスに乗って富山駅に行き、タクシーで富山市の八重津浜に行くか、または滑川駅から徒歩８分のほたるいかミュージアムへ。ホタルイカ見学は未明がおすすめ。浜辺の身投げはなかなか見られないが新月の夜を狙おう。ホタルイカの輝きを見たいなら「ほたるいかミュージアム」から早朝に出発する海上観光船に乗船し、漁業者が定置網にて網上げする様子を観光船から観覧する方法もある。早朝３時出港なので周辺に宿を取って早めに就寝したい。

Travel Plan

１日目　羽田空港発 → 富山空港 → レンタカーで滑川へ

２日目　滑川 → レンタカーで富山空港へ → 羽田空港着

道草の楽しみ

毎年４月中旬以降であれば立山アルペンルートが開通する。この時期の立山はまだ深い雪に覆われていて途中の道路では「雪の大谷」という雪の壁を見学、ウォーキングも楽しめる。

「雪の大谷」もまさに絶景！

行きたい季節

４月～５月

ホタルイカを見学できるのは例年３月から６月。遊覧船は例年４月上旬から５月上旬の約１ヶ月間に限られる。ホタルイカの身投げは月明かりが暗い新月の夜が狙い目。

旅の予算

約3.9万円～

東京からの割引往復航空券の約３万円～、レンタカー２日間分の約9000円～を含む。

絶景ごはん＆おやつ

■ホタルイカ

せっかくホタルイカの季節に富山へ行くならホタルイカ料理を味わいたい。沖漬け、一夜干し、てんぷらなど、さまざまな料理が楽しめる。安全に調理された、珍しいホタルイカの刺身を食べられる店もある。

真っ暗の暗黒の世界からの青白い光の大群に大感激！
自然ってすごいと思いました。

サナア旧市街

イエメン

ここにしかない町並み！
活気あふれる世界最古の町

2500年以上も前から人々が暮らす“世界最古の町”。城壁に囲まれた旧市街には、築200年以上の重厚な石造りの建物とミナレットが林立。世界遺産にも認定されている。1世紀ごろの記録に登場し、イエメンの伝説では「ノアの箱舟」のノアの息子がサナアの最初の住人とされる。

絶景までの道のり

日本からの直行便がないのでドバイかドーハで乗り継いでサナア空港へ。空港からはダッバーブ（乗り合いバス）などを利用して旧市街に行く。旧市街にもホテルがあり、滞在も可能。新市街のホテルに滞在した場合は、市内の中心のタハリール広場から旧市街まで徒歩約10分。サナアに滞在すると夜明け前にアザーン（礼拝への呼びかけ）が町に響き渡り、何かが起こりそうなワクワクした気持から1日が始まる。

Travel Plan

1日目	成田空港発 → 機中泊
2日目	→ ドバイもしくはドーハ → サナア
3日目	サナア観光
4日目	サナア観光
5日目	サナア → ドバイもしくはドーハ → 機中泊
6日目	成田空港着

軍事施設・空港・公共建物は撮影禁止。人を撮るときは必ずひとこと断ること。女性は基本的には撮ってはいけません。

道草の楽しみ

バーバルヤマン（イエメン門）は必見！そこから城壁にも登れる。スーク（市場）など旧市街を好きに歩こう。「ワディ・ダハールとスーラ、シバーム、コーカバン」「マナハとハジャラ」「アムランとハッジャ」などが日帰り観光可能。

生活雑貨・食糧・民芸品が揃う市場。

行きたい季節

4月〜1月

サナアは標高2300メートルという高地にあるため、砂漠気候の中でも珍しく穏やか。ほかのイエメンの都市と違い、ここだけは4月から1月がベストシーズン。

服装は男女ともに（女性は特に）、長袖に長ズボン長いスカートで肌の露出を必ず控えましょう。ズボンの場合もシャツを上に出してヒップラインが見えないようにすると完璧。

顔は隠さなくてもいいが、髪の毛は男性を欲情させるということを覚えておこう。ベールをかけなくても、ゴムなどで結ぶか、帽子をかぶるなどしてトラブルを未然に防ごう。

旅の予算

約11万円〜

航空券11万円〜、燃油サーチャージ含む。

絶景ごはん＆おやつ

■モカコーヒー

モカコーヒーはイエメンの港町、モカから輸出されていたことが名前の由来。イエメン産コーヒー「モカ・マタリ」などを現地で飲んでみたい。イスラム教国なので飲酒や豚肉を食することは固く禁じられている。

鳴沢氷穴・富岳風穴

日本・静岡県

富士山の麓で
地底探検！

富岳風穴は灼熱の溶岩流が生んだ青樹ヶ原樹海の洞窟。中は平均気温 3℃で夏もひんやり。「天然の冷蔵庫」として昭和初期までは蚕の卵の貯蔵に使われた。そこから東へ約800メートル進むと鳴沢氷穴がある。標高1000メートルの樹海の中で夏でも氷が溶けず、大きな氷柱は見応えがある。

絶景までの道のり

まずは河口湖駅へ行こう。行き方は2通り。ひとつは新宿駅から中央本線に約1時間30分乗って大月駅へ。さらに富士急行線に乗り換えれば約1時間後に河口湖駅に到着する。もうひとつは新宿駅から中央高速バスに乗って約1時間45分後に河口湖駅に到着する方法。河口湖駅から富士急山梨バスの本栖湖方面行きに乗って約35分後、バス停「風穴」で下車。徒歩5分で富岳風穴・鳴沢氷穴に到着する。東海自然歩道でつながっているので1日で両方トレッキングできる。

Travel Plan

1日目	新宿駅発 → 河口湖駅
2日目	富岳風穴・鳴沢氷穴観光 → 河口湖駅
3日目	河口湖駅 → 新宿駅

道草の楽しみ

時間があれば世界遺産に登録された富士山に登ろう！河口湖駅から登山バスに乗って富士急雲上閣で食事と眺めを楽しむのもいい。

河口湖から眺める富士山。

昭和4年に文部省の天然記念物に指定されました。

行きたい季節

7月～8月

最も暑い時期に氷穴・風穴でひんやりしよう！

氷で滑りやすいので運動靴はマスト。寒さ対策として厚手のジャンパーも必須です。ペットと一緒に入洞はできませんのでご注意を。

旅の予算

約2.6万円～

新宿駅から河口湖駅までの往復料金6800円～、河口湖とバス停「風穴」間の往復料金3540円～。鳴沢氷穴入洞料・富岳風穴入洞料の各290円～、宿泊費を含む。

絶景ごはん&おやつ

■とうもろこしソフトクリーム

富岳風穴の売店、森の駅「風穴」で販売している「とうもろこしパフェ」や「とうもろこしソフトクリーム」はオリジナル商品で、地元の人気メニュー。コーンスープのような甘じょっぱさがとても美味。甲州ワインや山梨の地酒はお土産に最適。

クラダン島

タイ

エメラルドグリーンの
美しい海をひとり占め！

ホテルなどの宿泊施設が数件しかない静かな島。海の透明度が高く、エメラルドグリーンの景色が広がる。島の裏側にはサンセットビーチがあり、観光客もほとんどいないので景色を独占できる。周りはムック島、ポダ島、タップ島などの小島に囲まれており、島めぐりもできる。

絶景までの道のり

羽田空港からの深夜便に乗り、約6時間30分でタイの首都バンコクへ。そこから約1時間30分、国内線に乗ってトランもしくはクラビーへ。空港からは車に約1時間30分乗り、クラダン島の船着場まで。そこから船に乗って約1時間後にクラダン島へ到着。

Travel Plan

1日目	羽田空港発 → バンコク → トランもしくはクラビー
2日目	トランもしくはクラビー → 車と船でクラダン島へ
3日目	クラダン島 → トランもしくはクラビー
4日目	トランもしくはクラビー → バンコク → 機中泊
5日目	羽田空港着

道草の楽しみ

クラダン島から近くの島へ観光に行くオプショナルツアー（アイランドホッピング）がおすすめ。また、エメラルドグリーンの美しい海で、熱帯魚と戯れながらシュノーケリングを楽しむのは最高の贅沢！

船に乗って島々をめぐろう。

行きたい季節

12月～4月

ビーチが美しいこの島を楽しむには乾季の12月から4月がおすすめ。この時期は特に海がきれいなことで有名。雨季のシーズンは波が荒くなるのであまりおすすめできない。

雨季はモンスーンがよく発生し、クラダン島行きのフェリーが運休になる場合もあるので注意。

クラダン島には船着場がないので、濡れてもよい服装を準備しておくといいですよ。

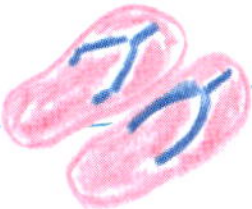

旅の予算

約30万円～

ハイシーズンの往復航空券（燃油サーチャージ含む）、宿泊費、そのほかの交通費を含む。

絶景ごはん＆おやつ

■シーフード料理

ホテルのレストランを除くとほかに店がないので、食べたいものがある場合はクラビーやトランから持ち込んだほうがよい。海に囲まれているので、新鮮な魚介類を使ったシーフード料理が美味しい。

ヴィスビーとガラムスタン

スウェーデン

『魔女の宅急便』の舞台のモデルとされる町

バルト海に浮かぶ小さな島。中世の町並みが見られる世界遺産である。丘の上からは、かつて要塞だった、オレンジ色の屋根が連なる景観を一望できる。別名「薔薇の都」とも呼ばれ、初夏には赤や黄色の薔薇の花で彩られる。人気アニメ『魔女の宅急便』の舞台のモデルと言われている。

絶景までの道のり

日本からスウェーデンの首都・ストックホルムへの直行便はないのでヨーロッパの都市で乗り継ごう。ストックホルムからヴィスビーまでの行き方は2通り。フェリーを利用する場合は、ストックホルム駅からバスでフェリー発着場があるニーネスハムンまで行く。ニーネスハムンからゴットランド島までは約3時間だ。ちなみにフェリーのチケットはあらかじめ予約をしておこう。飛行機の場合は、市内から一番近いブロンマ空港からヴィスビー空港へ行くことができる。

Travel Plan

1日目	成田空港発 → ヨーロッパの都市で乗り継ぎ → ストックホルム
2日目	ストックホルム → フェリーか飛行機でゴットランド島へ
3日目	ゴットランド島 → フェリーか飛行機でストックホルムへ
4日目	ストックホルム → ヨーロッパの都市で乗り継ぎ → 機中泊
5日目	成田空港着

日本でもよく使われる言葉「バイキング料理」の発祥はスウェーデン。現地ではスモーガスボードと呼ばれるビュッフェ形式の食事が有名です。

道草の楽しみ

首都ストックホルムも観光しよう。中央駅から10分ほどで行ける旧市街ガムラ・スタンも石畳や町並みが美しく、こちらも『魔女の宅急便』の舞台のモデルと言われている。カフェやレストランも多いので、気軽に散策してみよう。

石畳の町を自転車で走りたい！

伝統料理はミートボールだが、日本と異なるところは木の実の甘いジャムが添えられて出てくるところ！

行きたい季節

6月

四季がはっきりしているので年中楽しめるが、おすすめは別名の通り、薔薇の花が咲く6月。この初夏から夏にかけては、ヨーロッパの人々で混み合うため、予約はお早めに。

旅の予算

約19万円～

日本からコペンハーゲンまでの往復航空券の約14万円～（燃油サーチャージ含む）、ゴットランド島までの航空券の約2.2万円、宿泊費を含む。電車の24時間乗り放題チケットは115SEK（約1750円）～、ストックホルム中央駅からニーネスハムン駅へのバス料金は50SEK（約760円）～、フェリーは195SEK（約3000円）～。

絶景ごはん＆おやつ

■ヤンソン氏の誘惑

スウェーデンの伝統的な家庭料理。ジャガイモに玉葱とアンチョビを重ね、クリームをかけてオーブンで焼いたグラタンのようなもの。パーティーなどでも頻繁に見かける人気料理だ。

ストックホルム観光に欠かせないのが「ストックホルムカード」。博物館や美術館などに入場でき、バスや電車などの公共交通機関も利用できます。

ラック・レトバ

セネガル

いちご牛乳のような
ピンク色の湖

バラ色の湖（ラックローズ）とも呼ばれている。この地は、昔のパリ～ダカールラリーの終点だったことでも有名。この湖で採塩業が行われ、塩分が高濃度であることから、時間、天候、風によって湖がきれいなピンク色に見える。旅するなら乾季（10月から6月）がおすすめ。

絶景までの道のり

まずはセネガルの首都ダカールへ。日本からの最短ルートはエールフランス航空を利用してパリで乗り継ぐ方法だが、リーズナブルなドバイ経由のエミレーツ航空、イスタンブール経由のターキッシュエアラインズもおすすめ。ラック・レトバは、ダカールから約20キロ、車で約1時間で到着するので、日本または現地で車をチャーターして行こう。

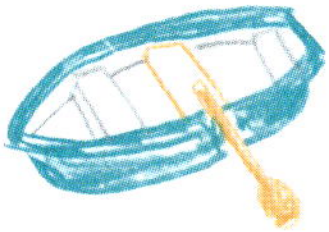

Travel Plan

1日目	成田空港発 → 機中泊
2日目	→ ドバイ → ダカール
3日目	ダカール → ラック・レトバ→サンルイ
4日目	サン・ルイ観光
5日目	サン・ルイ → ダカール
6日目	ダカール →ゴレ島 → ダカール → ドバイ
7日目	ドバイ観光
8日目	ドバイ → 成田空港着

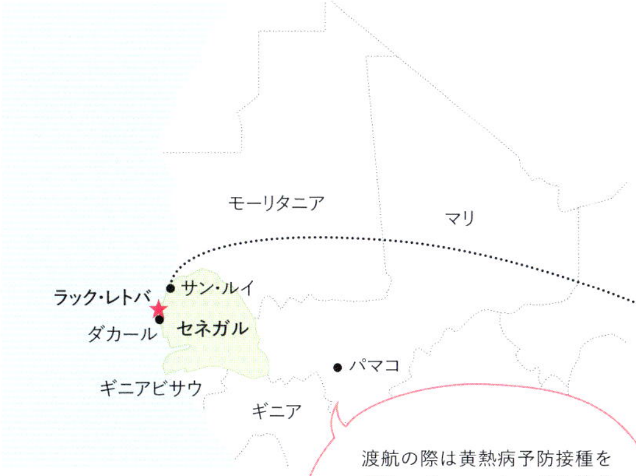

道草の楽しみ

フランス植民地時代の面影が色濃く残る町並みで有名なセネガル第2の都市サンルイ、ダカールから3キロの沖合いに浮かぶゴレ島も行こう。2つとも世界遺産に認定されている。宿泊数を増やしてドバイやダカールも観光したいところ。

ゴレ島はフランス統治下にあった。

渡航の際は黄熱病予防接種を受け、イエローカードを持参したほうが安心です。また以前は不要でしたが、現在はビザが必要です。

行きたい季節

11月～5月

雨季の6月から10月は1年で最も暑くなる。スコールのように一時的に大雨になることもあれば、何時間もしとしとと降り続くこともある。乾季の11月から5月は降雨がほとんどなく、気温が下がり、過ごしやすい。

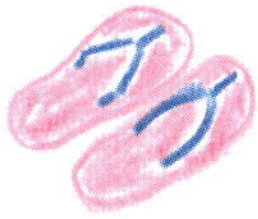

旅の予算

約40万円～

成田空港からダカールまでのエミレーツ航空の往復航空券の約21.8万円～（燃油サーチャージ含む）、上記のモデルプランで2名で行く場合の1人あたりの現地の交通費、宿泊費を含む。現地の交通の便がよくないので、レンタカーなどは日本から手配するのがおすすめ。

絶景ごはん＆おやつ

■ヤッサプレ

せっかくだからセネガル料理を味わおう。チェブジェン（魚の炊き込みご飯）、チェブヤップ（肉の炊き込みご飯）スープカンジャ（オクラスープ）、ヤッサプレ（鶏肉と玉ねぎのレモン煮）などが有名。

メテオラ

ギリシャ

どうやって登るの？
現在も修道士が修行中

9世紀には修行の場となっていたメテオラ。スカイツリー並みの高さの奇岩群の頂上に修道院が建ち、今でも修道士が共同生活を営んでいる。修道院はどれも14世紀～16世紀に建てられた。かつては滑車とロープでカゴを使って行き来していたらしいが、現在は階段がある。

絶景までの道のり

アテネからメテオラ観光の拠点となるカランバカをめざす。カランバカまではアテネのラリッサ駅からインターシティ（新幹線）が1日に2便出ており、約4時間30分で到着する。カランバカからは、タウンホール広場前でバスに乗り、約15分でメガロ・メテオロン修道院へ行ける。バスは1日4便ある。交通機関の遅延は頻繁に起きるので、カランバカで1泊してからメテオラに行くことをおすすめする。

Travel Plan

1日目	羽田空港発 → 機中泊
2日目	→ パリ → アテネ → インターシティでカランバカへ
3日目	バスでメテオラへ → カランバカ → インターシティでアテネへ
4日目	アテネ → パリ → 機中泊
5日目	→ 羽田空港着

道草の楽しみ

夏ならば大人気のサントリーニ島やミコノス島などエーゲ海の離島に寄ろう。また、カランバカからデルフィ遺跡へもバスで行ける。それぞれ、アテネに戻る途中でちょっと寄るのも楽しい。

美しいサントリーニ島も近い！

修道院内では肌を露出した服装は厳禁です。また女性はズボンでは入れません。どの修道院もスカートを無料で貸し出してくれます。

行きたい季節

4月～10月

11月から2月はカランバカと修道院を往復するバスが運休になる。またギリシャの閑散期はホテルなどもお休みになるところがあるので4月から10月がおすすめ。

かなり階段を上るので、運動靴で行ったほうがよいです。

旅の予算

約18万円～

エールフランスの航空券の約16.3万円～（燃油サーチャージ含む）、アテネとカランバカの往復料金（片道1等€41～、2等€27～）、カランバカからメテオラのバス片道料金€1.2～を含む。

絶景ごはん＆おやつ

■イカ飯

ピリ辛ソーセージ、トマト、パセリ、ニンニクを赤ワインで煮込んだスペゾォファイが名物。ビールに合う。アテネから来る途中にある港町、ヴォロスでは新鮮な魚介類を楽しめる。ギリシャにもイカ飯がある！

タムコック渓谷

ベトナム

陸のハロン湾と呼ばれる渓谷
船を漕ぐ水音だけが響く楽園

ベトナム北部の紅河デルタ地帯のニンビンにある絶景。ハロン湾のような奇岩が川沿いにたくさんある渓谷を、手漕ぎボートに乗って移動する。熟練のボート運転手が足でボートを漕ぐ様子が見られるのも楽しい。舟を漕ぐ水音だけが響き、墨絵の中に入ったような気分になる。

絶景までの道のり

個人でバスや鉄道に乗っても行けるが、ハノイから日帰りのオプショナルツアーに参加してバスで行くのがおすすめ。ニンビン市まではハノイから南へ約110キロ、バスで約2時間。市内からさらに南へ約10キロ行くと、タムコックに到着する。タムコックからは小さい手漕ぎボートに乗り、片道1時間ほどかけて流域を回ることができる。

Travel Plan

1日目　成田空港発 → ハノイ
2日目　ハノイ → ニンビン → ハノイ
3日目　ハノイ → 機中泊
4日目　成田空港着

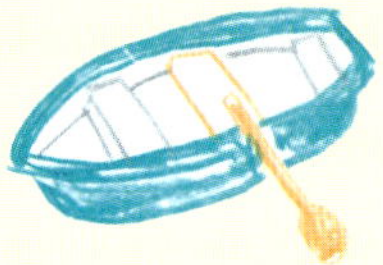

本家のハロン湾より近くで景色を見られるのと、ボートの音が静かなのがいい！雨が降っても陸に戻るまで逃げ道が無いため、雨カッパ必須。

道草の楽しみ

ニンビンへ行く途中にある、古都「ホアルー」に寄って町をぶらぶら散策するのがおすすめ。10世紀に首都だった町で、重要文化財に指定された遺跡を見ることができる。ベトナム王朝の変遷の歴史を垣間見てみよう。

バイディン寺や丁先皇廟へ行こう。

行きたい季節

11月～12月

雨が少なく、気温も下がる11月から12月がおすすめ。夏は日本より気温が高く、スコールも多いため、あまりおすすめできない。夏は帽子と雨カッパ必須。冬はかなり寒いので防寒対策を！

小さいボートなので、落ちないように注意！岩壁をよく見るとヤギの家族がいることがあります。ぜひ見つけてみてください。

水上マーケットのようなものがありますが、チップと言って押し売りされるのでいらないものは買わないように！

旅の予算

約5万円～

日本からハノイへのベトナム航空利用の往復航空券の約4万円～（燃油サーチャージ含む）、ハノイから日帰りのオプショナルツアー（日本語ガイド付き）を含む。

絶景ごはん＆おやつ

■チャーハン

外せないのがフォー・春巻き・チャーハン。それぞれの地域や店によって具材や味付けが異なるので味比べしてみるのも面白い。特にチャーハンはタイ米を使っているため、パラッパラに仕上がる。

RUE
PRINCIPALE

エズ

フランス

山頂に作られた要塞
美しい村はまるで迷路！

リゾート地として有名なニースの町並みと地中海を見下ろせる岩山の上にある。形状が似ていることから「鷲の巣村」とも称される。海抜427メートルの高さにあるのは敵の侵攻を防ぐためで、紀元前に作られた村とされる。切り立つ崖から見下ろす地中海の美しさも絶景。

絶景までの道のり

コートダジュールの中心地、ニースへ。日本からはヨーロッパの都市を経由して行ったほうが時間を短縮できる。安さ重視であれば、時間はかかるが中東経由で行くのもいい。どの行き方でも到着は夕方で、その日のうちにニースからエズへ行くこともできる。ニースの長距離バスターミナルからエズには約20分で到着する。平日は7往復、土日は3往復。夏はニースの町を見下ろせるエズ庭園が20時まで開いているので、夕暮れ時のロマンチックな景色を見ておこう。

Travel Plan

1日目	羽田空港または成田空港発 → パリ → ニース泊
2日目	ニース → 高速バスでエズへ → ニース
3日目	ニース → パリ → 機中泊
4日目	羽田空港または成田空港着

道草の楽しみ

冬の季節をトリノやニースで過ごしていたニーチェが、『ツァラトゥストゥラ』の構想を練ったと言われる「ニーチェの道」も散策しよう。海岸近くにあるSNCF（フランス国鉄）のエズ駅からエズ村まで徒歩で約1時間の静かな坂道で、散歩しながら絶景が見られる。また、せっかくなので地中海の有名なリゾート地、モナコ、コートダジュール、ニースにも足を運ぼう。

モナコ大聖堂にグレース・ケリーが眠る。

行きたい季節

6月～9月

気候が暖かく、近くのニースで海水浴も楽しめる。

エズで泊まりたいなら、村の中にあるシャトーホテルが素敵です。でも部屋数が少ないので、必ず事前に予約を取ったほうがいいです。

旅の予算

約11.2万円～

航空券、燃油サーチャージ料を含む。高速バスはニースとエズの往復で約€3～。

絶景ごはん&おやつ

■ソッカ

南フランス名物。ひよこ豆の粉と水と塩で作る、外がカリッと中がふわっとしたクレープのようなもの。

フランスのエズの夜景。建物に明かりが灯ると、山頂に密集して町が作られていることがよくわかる。

涸沢の紅葉

日本・長野県

登った人だけが見られる！
氷河が作った谷間の紅葉

春から秋にかけてたくさんの観光客でにぎわいを見せる人気の観光地・上高地から歩くこと6時間強。ここまで来ると観光客の姿はなく、かわりに憧れの穂高連峰を目指すハイカーだけが出会うことのできる絶景が広がる。その玄関口とも登山基地ともなるのが、ここ涸沢である。

絶景までの道のり

各地からバスやマイカーで行くことができる。大型バスは規制のため上高地バスターミナルには入れないので、手前の沢渡でバスを乗り換えよう。バスターミナルを出発地点に、途中の小屋で休憩を挟みつつ歩いて涸沢へ向かう。

Travel Plan

1日目　新宿駅発 → 夜行バス車中泊

2日目　→ 上高地バスターミナル → 涸沢ヒュッテまたは涸沢小屋泊

3日目　涸沢 → 上高地バスターミナル → 直行バスで新宿駅着

道草の楽しみ

涸沢から眺めるカール（氷河の浸食によってできた広い椀状の谷）の景色は最高！　夜は頭上に天然のプラネタリウム、早朝は静かな山の朝、下山後は温泉でさっぱりと汗を流すなど、さまざまな自然の楽しみ方を体験できる。

上高地には温泉がいっぱい！

行きたい季節

秋

涸沢といえば秋の紅葉だが、新緑の季節や夏の涸沢カールの景色もまた素敵。

山登り3点セット、雨具とトレッキングシューズとザックは必須。下りで足に負担がかかるため、トレッキングポールもあったほうがよいでしょう。

天候急変時や朝晩は冷えるので夏でも防寒具は忘れずに！夏場は水分補給もしっかりと！

旅の予算

約2.5万円～

各地から上高地までの往復高速バス料金、山小屋1泊代金を含む。山小屋の宿泊費の目安はおおよそ1泊2食付きで1万円前後～。ちなみに山小屋は相部屋。

絶景ごはん&おやつ

■ソフトクリーム

涸沢道中の徳澤園は、食事が美味しくカフェスペースも併設された山小屋。ソフトクリームは必食！涸沢ヒュッテでは絶景を眺めながらおでんとビールを！下山後の上高地ではほくほくコロッケがうまい！

ゼメリング鉄道

オーストリア

世界で初めて!!
世界遺産に認定された鉄道

ウィーン南西部のゼメリング峠を走る鉄道。世界で初めて鉄道全体が世界遺産に登録された。グロッグニッツ駅から、ゼメリング駅を経由し、ミュルツツーシュラーク駅まで続く。全長約42キロ、高低差460メートルのルートは、自然を壊さないよう作られており、車窓から見える景色も絶景。

絶景までの道のり

ゼメリング鉄道の起点はウィーンまたはグラーツ。ウィーンへは成田空港からオーストリア航空の直行便で、約12時間。グラーツへ行くにはウィーンで乗り継ぐか、ルフトハンザドイツ航空・全日空を利用してフランクフルトかミュンヘンで乗り継ぐと同日接続ができる。ウィーンからグラーツは、飛行機で約30分。鉄道だとECで約2時間40分。ゼメリングで途中下車する場合は、途中のパヤーバッハ・ライヒェナウで乗り換えて約1時間40分。ウィーンからグラーツまで直通のECは1時間に1本程度、ゼメリングに停車する列車はだいたい2時間に1本運行される。

Travel Plan

1日目	成田空港発 → ウィーン
2日目	ウィーン観光
3日目	ウィーン → ヴィーナーノイシュタット → ゼメリング → ミュルツツーシュラーク → グラーツ
4日目	グラーツ → ウィーンで乗り継ぎ → 機中泊
5日目	成田空港着

道草の楽しみ

宿泊数を増やしてウィーン郊外のシェーンブルン宮殿も訪れるとオーストリアの8つの世界遺産のうち4つに行ける。スロベニアやスロバキア、ハンガリー、チェコにも陸路で行きやすいので、さらに宿泊数を増やして足をのばそう。

ウィーンもグラーツも世界遺産。

ゼメリング駅周辺にはホテルやレストラン、ショップなどがないので滞在には注意が必要です。

行きたい季節

5月〜9月

ウィーンのベストシーズンは春から秋。中でも5月から9月がおすすめ。

ゼメリング駅には展示コーナーがあり、鉄道の歴史を知ることができます。また途中下車してルートを満喫したり、ハイキングをするのもおすすめです。

旅の予算

約23.6万円〜

往復航空券の約19.6万円〜（燃油チャージ含む、現地土曜日滞在を含む日程限定）、鉄道料金の約1万円〜（2等・区間乗車券・座席指定券）、宿泊費の約3万円〜（2名1室利用の1名あたり・Bクラスホテル・3泊分）を含む。

絶景ごはん&おやつ

■シュニッツェル

子牛肉のカツレツ、シュニッツェルは、昔は祝いごとの場で食べられていたが、現在では地元民に愛されている定番料理。皇帝から愛されたチョコレートケーキ、伝統菓子のザッハトルテも本場で食べたい！

白米千枚田

日本・石川県

日本海を背景に広がる1004枚の田んぼ！

石川県輪島にある世界農業遺産の棚田。空の色が水田に映る春、稲が青々と美しい夏、稲穂が黄金色に輝く秋、稲刈りを済ませた田んぼのあぜに約2万個のイルミネーションが幻想的に輝く「あぜのきらめき」など、四季折々の姿が楽しめる。小泉純一郎元首相も絶景と褒めたたえた。

絶景までの道のり

東京から能登半島へ。能登空港から車で約40分の、輪島と曽々木の中間あたりの道の駅「千枚田ポケットパーク」が千枚田を見下ろせる絶景ポイント。もちろん実際にあぜを歩いてみるのもよい。「あぜのきらめき」は例年10月から3月まで、日没から約4時間のみの開催なので夕陽の時刻に合わせて行こう。

✈ Travel Plan

1日目　羽田空港発 → 能登空港 → レンタカーで白米千枚田へ → 輪島

2日目　輪島 → レンタカーで能登空港へ → 羽田空港着

道草の楽しみ

車を運転できるならぜひ日本で唯一、一般の自動車で砂浜の波打ち際を走ることができる道路、千里浜ドライブウェイへ。砂がきめ細かいため、どんな車でも24時間走ることができる。全長8キロの浜辺を思いっきり走るのは爽快！

車以外に自転車で走ってもいい。

行きたい季節

1年中

「あぜの万燈」は稲刈り後の10月から3月に限られる。

夜にあぜみちを歩く際は足元に気をつけよう。

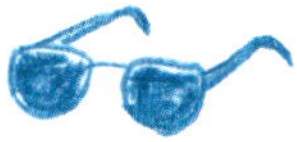

旅の予算

約3.9万円〜

東京から能登までの往復割引航空券の約3万円〜、レンタカー2日間分の約9000円〜を含む。

絶景ごはん＆おやつ

■柚餅子

冬に訪れるならズワイガニを味わいたい。そのほか、柚を丸ごと1個ぜいたくに使う柚餅子（ゆべし）、アワビ、精進料理のすいぜん、クチナシの黄色で染めた糯米で作るえがら饅頭など北陸の美味がいっぱい。

チャンドバオリ

インド

世界最大の階段井戸で
井戸端会議をやりたい！

世界最大の階段井戸、チャンド・バオリはジャイプール近郊にある。階段数は 3679 段。階数は 13 階、深さは 30 メートルにも達する。町中より約 5 〜 6°C、温度が低いので、ここが作られた 9 世紀には、人々が涼みにくる社交場としても活用された。インドにも井戸端会議があった！

絶景までの道のり

まず成田空港からデリー空港へ。その日はデリーに泊り、翌朝、デリーから約 5 時間、列車に乗ってジャイプールへ。次に約 2 時間、バスに乗ってシカンドラへ行こう。バスは 30 分おきに来るので、特に予約はいらない。停車場のアナウンスはないので、目的地に着いたら教えてくれるようドライバーに言うのがポイント！「シカンドラからジープでチャンド・バオリに行きたい！」と伝えると連れてってくれる。田舎町なので、ほかに観光地がないため、到着するとすぐにわかるはず。

Travel Plan

1日目	成田空港発 → デリー
2日目	デリー → 列車でジャイプールへ → バスでシカンドラへ → ジープでチャンド・バオリへ
3日目	チャンドバオリ → ジープでシカンドラへ → バスでジャイプールへ
4日目	ジャイプール観光
5日目	ジャイプール → 列車でデリーへ → デリー → 機中泊
6日目	→ 成田空港着

乗り物に乗る際は常に交渉です。ホテルなどで料金の相場を知った上で、交渉に臨みましょう！

道草の楽しみ

ジャイプールに行ったら、せっかくなのでアンベール城、風の宮殿、ジャンタルマンタルを観光しよう。また、ジャイプールでは象のタクシーに乗ることができる。象の背中にはなかなか乗られないのでおすすめ！

高い目線でゆったり進む象との一体感が最高！

行きたい季節

11月〜2月

4 月から 9 月は気温がかなり高いので避けたいところ。

ガイドブックにも記載がないくらいの“秘境”。地元でもあまり知られていないので現地の人もいない。でも、数あるインド建築物の中でも、その素晴らしさは別格です。

絶景ごはん＆おやつ

■ラジャスタンカレー

「ケル・サングリ」というラジャスタン地方のいんげんや、砂漠などで取れるベリー、じゃがいものカレーがおすすめ。インドは菜食主義者が多いので、とてもヘルシーで美味しいカレーを食べることができる。

水はボトルの水を飲みましょう。飲み物に入っている氷、町の屋台などで売っている果物などでも、水あたりの可能性があります。必ず胃腸薬を持参しましょう。

旅の予算

約 11 万円〜

デリー空港への航空券（燃油サーチャージ含む）、ジャイプールまでの鉄道料金、シカンドラまでのバス料金などを含む。

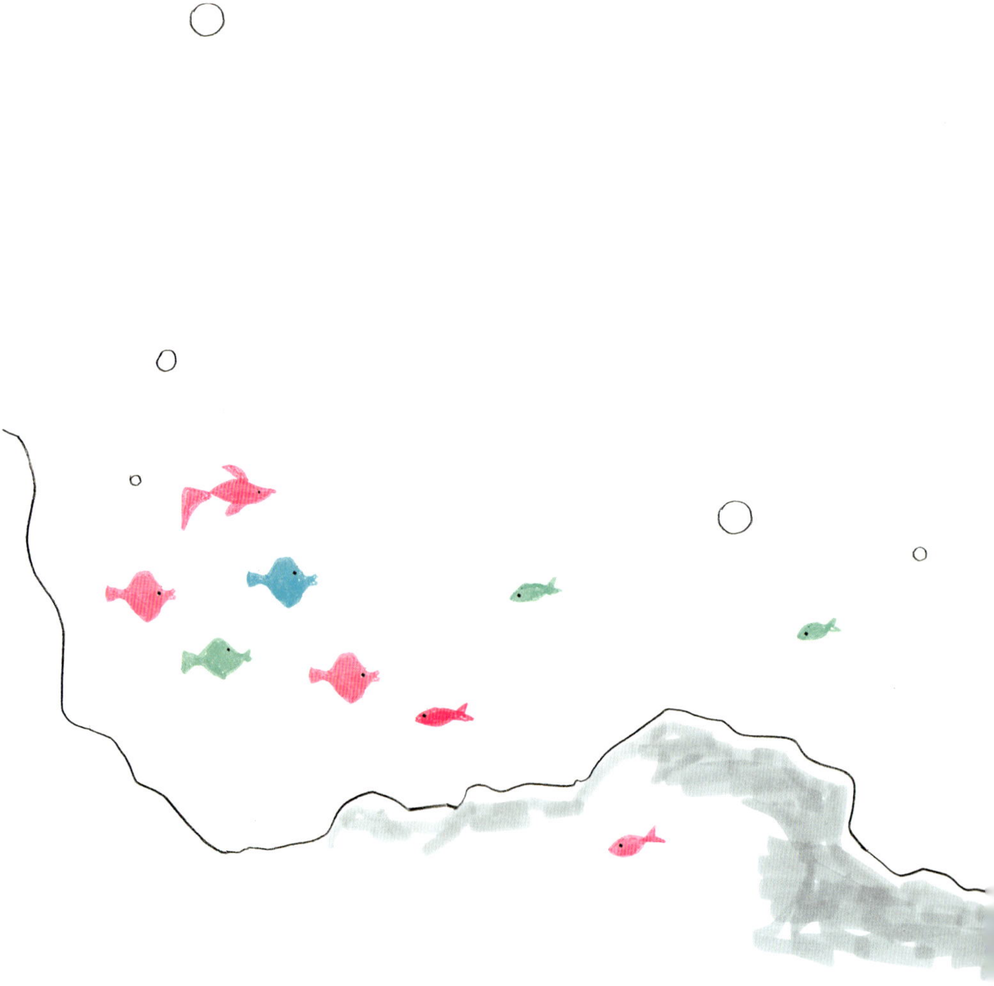

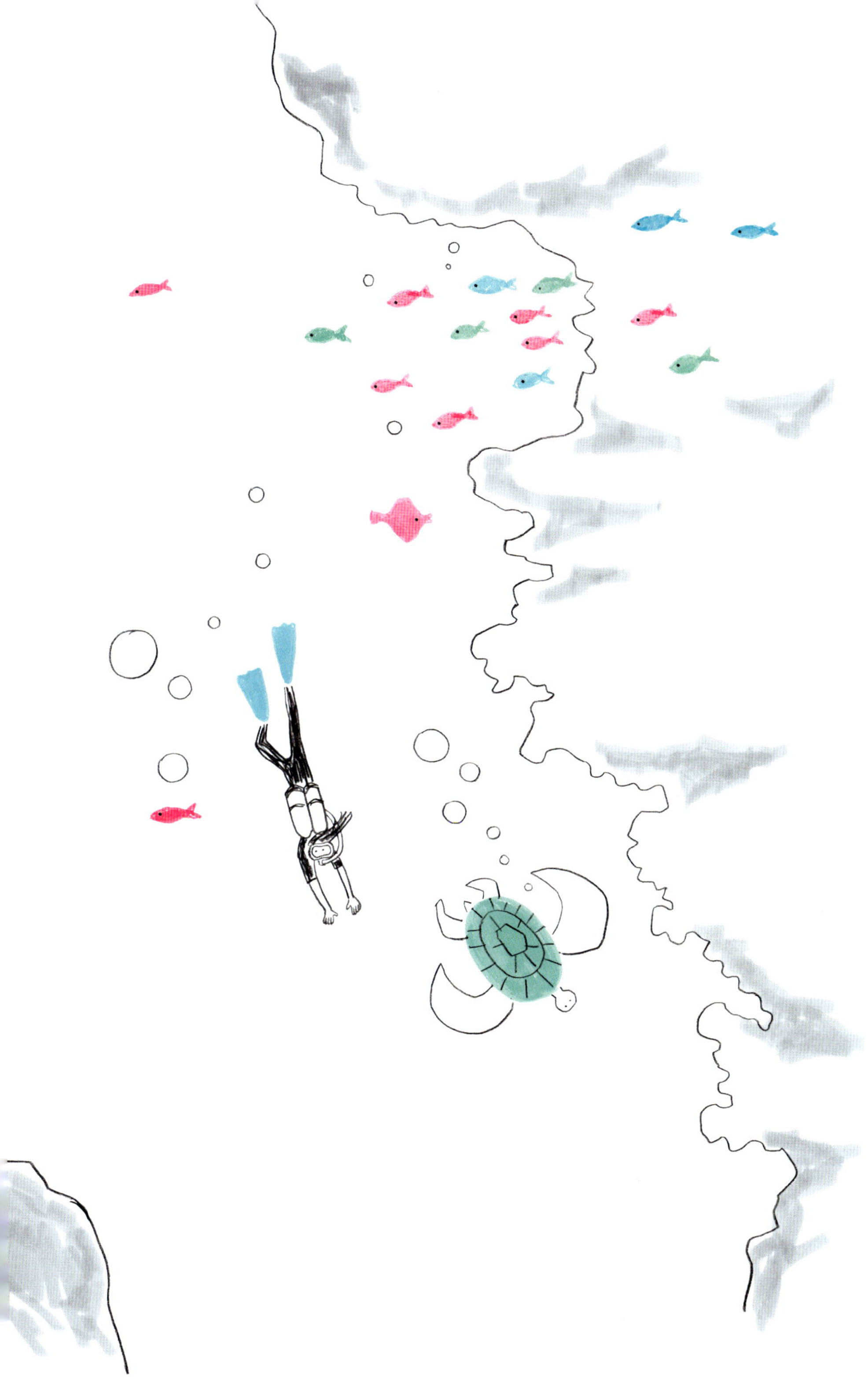

葛城山のつつじ

日本・奈良県

山火事と間違えた人もいた 一目百万本の真っ赤なつつじ

標高約 960 メートルの山肌が、つつじで真っ赤に染まる景色を楽しめる。「一目百万本」と言われている絶景。昭和 45 年ごろ、この場所に群生していたカツラギササの花が咲き、実をつけた後にいっせいに枯れてしまい、その後に野生のつつじが成長していったとのこと。

絶景までの道のり

まず新幹線で東京から京都へ。京都から近鉄京都・橿原線に乗り、橿原神宮前で下車。続いて近鉄南大阪線に乗り、尺土で近鉄御所線に乗り換えて近鉄御所駅で降りる。そこから奈良交通バスの葛城ロープウェイ前行きに乗車し、終点の葛城ロープウェイ前駅で下車しよう。さらに徒歩で葛城登山口駅まで行ってロープウェイに乗る。御所駅前から葛城登山口駅までタクシーで行くこともできる。

Travel Plan

1日目	東京駅発 → 新幹線で京都駅へ → 尺土 → 御所 → 葛城ロープウェイ → 葛城山 → 京都または奈良
2日目	京都駅 → 新幹線で東京駅着

道草の楽しみ

葛城山では「スカイレンジャー関西」という団体によるパラグライダーの体験教室が行われている。毎月 1 回、基本的に第 2 日曜日もしくは第 3 日曜日に開催され、1 日体験は 9 時 30 分～ 16 時で、1 人7000円～で参加できる。

一番の絶景が見られる！

行きたい季節

5月

5 月がつつじの開花時期。6 月になると見ることはできない。

開花時期は、御所駅からロープウェイまでが車でとても混み合っています。渋滞を避ける方法は特にないので、覚悟が必要です！

夏は涼しいハイキング、秋は一面のススキ、冬は美しい雪景色を楽しむことができます。

旅の予算

約3.5～4 万円

東京から京都までの往復料金、宿泊費、京都から葛城山までの往復料金を含む。

絶景ごはん＆おやつ

■かりんとう饅頭

御所駅の近くの御所商店街に美味しい店がたくさん！おすすめは和菓子屋、あけぼ乃のかりんとう饅頭と入船のカレーうどん。入船はテレビでも紹介された有名店で、和風出汁とカレー粉の組み合わせが最高。

スーパームーン

アメリカ

1年に1度のスーパームーン 宇宙の絶景をどこで見る？

1年に1度、月と地球の距離が近付き、異様に大きな「スーパームーン」を見ることができる。2013年6月23日のスーパームーンの夜に、話題になったのがアメリカのテーブルロック。ボイシの街が一望できる丘で、頂上の巨大な十字架とスーパームーンの共演が幻想的だった。

絶景までの道のり

テーブルロックはボイシの市街地のすぐ近くにある。日本からボイシへの直行便はないので、シアトルで乗り継ごう。テーブルロックのふもとまでレンタカーやレンタル自転車で行って徒歩で登山を楽しんでもいいし、車で頂上まで登ることもできる。

Travel Plan

1日目	成田空港発 → シアトルで乗り継ぎ→ボイシ
2日目	ボイシ観光
3日目	ボイシ観光
4日目	ボイシ → シアトルで乗り継ぎ → 成田空港着

道草の楽しみ

小さな街なので、レンタカーでワイナリーや周辺をドライブするのがおすすめ。アイダホ州南西部はフランスのボルドーやブルゴーニュと同じ緯度で、ワインの産地として有名。特にボイシにはワイナリーが集中している。

サントシャペルワイナリーで試飲♪

行きたい季節

春～夏

冬はそれほど寒くはないが、雪が降ることもある。おすすめは春から夏。

夏の空気は乾燥していますが、日差しが強くて暑いです。基本は38℃になることも！日焼け対策はおこたりなく。

2014年は8月10日、2015年は9月28日に、月が最も地球に近付くと言われています。あなたはどこでスーパームーンを見ますか？

旅の予算

約28万円～

日本からボイシまでの往復航空券の約26万円～（8月出発・燃油サーチャージ含む）、宿泊費を含む。

絶景ごはん＆おやつ

■アイダホポテト

アイダホポテトが有名なだけあって、ボイシには冷凍フライドポテトで大金持ちになった「アイダホのポテト王」J.R.シンプロットの豪邸がある。ベイクドポテトは日本ではなかなか食べられない味。現地で食べておきたい。

エトルタ

フランス

まるで白象の鼻！
高さ約 100 m の自然の芸術

アーチ型の断崖は長年の風雨で作られた。町の南側にモーパッサンが「象の鼻」と呼んだアヴァルの断崖が、北側にアモンの断崖がある。リンドバーグの前に大西洋横断飛行に挑んだナンジェセールとコリーが、消息を絶つ直前に通過したのがここ。アモンの断崖には彼らの記念碑が建つ。

絶景までの道のり

東京からパリへ行き、パリ・サン＝ラザール駅から約 2 時間、電車に乗ってル・アーヴル駅に下車。ル・アーヴルからは Les Cars Fauvillais 社の 24 番のバスに乗車。約 1 時間でエトルタに到着する。

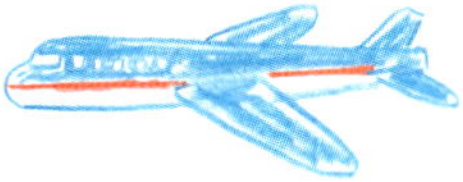

Travel Plan

- 1日目　成田空港もしくは羽田空港発 → パリ
- 2日目　パリ → 電車でル・アーヴルへ → バスでエトルタへ
- 3日目　エトルタ観光 → サン＝ラザール駅へ
- 4日目　パリ → 機中泊
- 5日目　→ 成田空港もしくは羽田空港着

道草の楽しみ

怪盗アルセーヌ・ルパンを生んだ作家、モーリス・ルブランの家があり、怪盗ルパンの家として一部公開されている。

行きたい季節

1 年中

季節のおすすめは特にないが、夏には駅からエトルタへ行ける直通バスが運行される。パリからはブレオテ・ブーズヴィル駅が最も近い。24 番バスを使ってもいいが、直行のほうが約 40 分で到着するので時間短縮になる　また、ルパンの家は 4 月から 9 月は毎日開いているが、10 月から 3 月は土日のみ。

旅の予算

約 8.5 万円～

日本からパリへの航空券（燃油サーチャージ含む）、サン＝ラザール駅とル・アーヴル駅の電車料金（片道 1 等 5800円～、2 等 4000円～）を含む。

絶景ごはん＆おやつ

■ラ・サラマンドル

海の近くにあるためシーフード料理を食べてこよう。特に、ホテル兼レストランの「ラ・サラマンドル」が有名。14 世紀に建てられた館をエトルタへ移して営業している。歴史のある建物も美しい。

ロフォーテン諸島

ノルウェー

『アナと雪の女王』の 王国のモデルと言われる

ノルウェー北部の「世界で最も美しい場所のひとつ」と呼ばれる秘境。春と夏に咲く色鮮やかな高山植物、5月下旬から9月中旬に楽しめるホエールウォッチング、真夜中の太陽、冬のオーロラなど、1年中観光が楽しめる。人気アニメ『アナと雪の女王』の世界のモデルと言われている。

絶景までの道のり

日本からノルウェーの首都、オスロへの直行便はないので、コペンハーゲンやヘルシンキ、フランクフルトなどで乗り継ぐ。オスロまで約15時間。オスロに到着したら、さらに港町ボードーで乗り継いで、ロフォーテン諸島最大の港町スヴォルヴァーか、ほぼ中心にあるレクネスを目指す。オスロからロフォーテン諸島まで約2時間30分。日本を深夜に出発する便以外だと、オスロまたはボードーでの宿泊が必要となる。ロフォーテン諸島に到着後は、陸路で移動しよう。路線バスもあるが、島内をくまなく観光したいならレンタカーは必須。道路は整備されているので、小さな集落でも問題なくアクセスできる。

Travel Plan

1日目	羽田空港発 → フランクフルトで乗り継ぎ → オスロ→ボードーで乗り継ぎ → スヴォルヴァーまたはレクネスへ
2日目	ロフォーテン諸島観光
3日目	ロフォーテン諸島→ボルグ
4日目	ボルグ → スヴォルヴァーまたはレクネス → ボードーで乗り継ぎ → オスロ→ フランクフルトで乗り継ぎ → 機中泊
5日目	→羽田空港着

道草の楽しみ

ノルウェーにはほかにも『アナと雪の女王』のモデルとされる場所がたくさん。アレンデール王国の町並みに似ている港町のベルゲン、エルサが作った氷の城のモデルとされるスターヴ教会など、宿泊数を増やして訪れたい！

アナが見た滝に似てるツヴィンデの滝。

行きたい季節

5月下旬～7月中旬

5月下旬から7月中旬は、真夜中の太陽やホエールウォッチングなど、美しい風景を楽しめる。オーロラが見たいなら冬。

道路は整備されていますが、山並みを縫うように道が通っているので、移動には時間がかかります。

北極圏にある割に気候は温暖ですが、防寒着は必須です。

旅の予算

約32万円～

日本からの往復航空券の約28万円～（燃油サーチャージを含む）、宿泊費（2名1室利用時の1名あたり・3泊）、レンタカー料金（1台・72時間利用）を含む。

絶景ごはん＆おやつ

■干しタラ

名物の干しタラはバター炒めのマスタード添え、トマトソース煮込みなどが定番。漁業が盛んなので魚料理を楽しもう。宿泊施設として利用されているロルブー（漁師小屋）の食事も体験してみたい。

ノルウェーのロフォーテン諸島。美しい女王が魔法で凍らせたような、この世のものと思えぬ雪景色。

GALLERI
EVA HARR

三仏寺投入堂

日本・鳥取県

ひとりで行ってはいけない
断崖絶壁の修行の場！

三仏寺は鳥取県のほぼ中央、標高900メートルの三徳山にある。投入堂（なげいれどう）と呼ばれるお堂には、役行者（えんのぎょうじゃ）が法力でお堂を手のひらに乗るほど小さくし、絶壁の岩窟に投げ入れたという伝説がある。写真家の土門拳も「日本第一の建築」に投入堂を挙げた。

絶景までの道のり

羽田空港から鳥取空港へ。リムジンバスに約1時間乗り、三朝温泉で降りる。三仏寺は三朝温泉から歩いて行く。

Travel Plan

1日目　羽田空港発 → 鳥取空港 → リムジンバスで三朝温泉へ

2日目　三朝温泉 → リムジンバスで鳥取空港へ → 羽田空港着

道草の楽しみ

三徳山の三仏寺には3つの宿坊、輪光院宿坊・正善院宿坊・皆成院があり、宿泊することができる。精進料理、座禅、写仏、写経、滝行、火渡り行などの修行の数々を体験しよう。近くの三朝温泉もおすすめ。

多くの文人も訪れた歴史のある温泉。

行きたい季節

冬以外

12月から3月は危ないので入山禁止。天候のよい季節に旅行しよう。

旅の予算

約3.5万円～

鳥取空港の往復航空券、宿泊費、リムジンバス往復料金、入山料を含む。

ひとりでの参拝は禁止されています。安全のため必ず2人以上のグループで登らなければなりません！

ひとりで行った場合は、別のひとりで来た人とペアを組まないと参拝できません。

絶景ごはん＆おやつ

■三徳豆腐

三徳山の水で作られ、大豆の味がする「三徳豆腐」が名物。せっかくなので「三徳豆腐」も味わえる宿坊の精進料理を食べてみよう。三徳山周辺の谷川天狗堂、みとく苑、みとく門前茶屋でも食べられる。

※参拝客は投入堂には入れません。

バイカル湖

ロシア

世界一透明度が高い湖
美しすぎる湖水の氷は青い！

ロシアとモンゴルの国境近くにある、南北に細長い、全長680キロの巨大な湖。世界で最も湖水の透明度が高いことで有名。冬には湖面が凍り、クリスタルのように不思議な青色で輝く氷へと変化する。この期間は湖面を車で走行することもできる。世界最古の湖でもある。

絶景までの道のり

バイカル湖へ行くにはまずイルクーツクへ行くのだが、方法は2通り。まず日本から2時間40分かけてウラジオストクへ直行。そこからイルクーツク行きのシベリア鉄道の寝台列車に乗って4日間移動する。もしくは日本から、北京などで乗り継いで、約14時間かけてイルクーツクに到着する。イルクーツクからは、バスもしくはタクシーに約1時間半乗って、リストビヤンカまで行く。リストビヤンカからバイカル湖を眺めることができる。

Travel Plan

1日目	成田空港発 → 北京で乗り継ぎ → 機中泊
2日目	→ イルクーツク
3日目	イルクーツク観光
4日目	イルクーツク→北京で乗り継ぎ → 成田空港着

道草の楽しみ

せっかく長時間かけてロシアに行くなら、隣にあるブリヤート共和国の首都ウランウデに寄ってみよう。1年中晴れの日が多いので、夏にはバーベキュー、キャンプなどを楽しもう。夜になると満点の星空が観賞できる！

ブリヤートはバイカル湖の南東部。

冬は寒いので防寒具が必須。夏に泳ぎたい人は水着を持っていこう。言葉はほとんどロシア語しか通じないので不安がある人はツアー利用がおすすめ。

行きたい季節

1月～2月

バイカル湖の氷を見るには1月から2月がおすすめ。雪解けは3月ごろ。8月になると泳ぐこともできる。9月ごろに行くなら紅葉を楽しもう。

3月に行くと湖面の氷が割れ、「シベリアの真珠」と呼ばれるバイカル湖を見ることができます。

旅の予算

約18万円～

日本からイルクーツクの往復航空券の約5万円～、ウラジオストク行きの航空券、ウラジオストクからイルクーツクまでのシベリア鉄道料金（3泊4日・寝台列車・2等）を含む。航空券は燃油サーチャージを含む。

絶景ごはん＆おやつ

■オームリ

バイカル湖で捕れる白身魚、オームリを食べよう。燻製、塩漬のほか、ストロガミナという凍ったオームリを使ったサラダもある。ロシア名物、ピロシキ、ボルシチ、ビーフストロガノフも現地で食べておきたい。

ペトラ遺跡

ヨルダン

岩山の奥に隠された
バラ色の古代遺跡

映画『インディージョーンズ』の舞台としても有名な都市遺跡。中でもエル・ハズネは日の当たり方によって1日に50色ものバラ色を見せるとも言われる美しい建造物。週3日（月・水・木）、1500本もの蝋燭でライトアップする「ペトラ・バイ・ナイト」は幻想的な雰囲気で遺跡の夜を演出。

絶景までの道のり

ヨルダンまでは直行便がないため、成田空港から中東の都市で乗り継いで、まずは首都アンマンへ行くのが一般的。ペトラ遺跡に一番近い村はワディ・ムーサで、ここへはアンマンからジェットバスを利用して約3時間で到着する。

Travel Plan

1日目	成田空港発 → 中東の都市で乗り継ぎ → アンマン
2日目	アンマン→ジェットバスでペトラへ
3日目	ペトラ観光
4日目	ペトラ → ジェットバスでアンマンへ → 中東の都市で乗り継ぎ → 機中泊
5日目	成田空港着

道草の楽しみ

ペトラ遺跡の近くには観光名所がいっぱい。地球上で最も低い土地にある死海での浮遊体験や泥パックエステ、また、砂漠ワディラムでの4WDカーによる観光とキャンプ体験などもおすすめ。

体がか〜るく浮いちゃいます。

ペトラなどの遺跡観光の際には帽子をかぶり、水を持って出かけましょう。遺跡歩きは運動靴がベスト。

行きたい季節

春と秋

年間を通して乾燥する砂漠気候。ペトラは標高800メートルの高地に位置するので、観光のベストシーズンは晴天が続いて暖かく、最も過ごしやすい春と秋。特に春は野花が咲いて美しい。

教会には男女ともタンクトップやショートパンツなど露出の多い服装では入れません。

旅の予算

約16万円～

日本からアンマンまでの往復航空券の約12万円～（燃油サーチャージ含む）、アンマンからのジェットバス料金約10ヨルダン・ディナール～（JD）、宿泊費、食事代を含む。

絶景ごはん＆おやつ

■フムス

ヨルダンでは、アラブ料理が基本。前菜はメッゼと呼ばれるアラブ風サラダの小皿で、特にヒヨコ豆のペーストのフムスは日本人の口にとても合う。ディップとして野菜やパンにつけて食べる。

龍泉洞

日本・岩手県

青く透き通る地底湖に吸い込まれそう！

龍泉洞は「日本三大鍾乳洞」のひとつ。幻想的な無数の鍾乳石に囲まれた、世界有数の透明度を誇る地底湖は実に神秘的。その湖水は「ドラゴンブルー」と呼ばれており、名水百選にも選定されている。見学道が整備されていて気軽に地底探検できるところもいい。

絶景までの道のり

東京から岩手県盛岡までは新幹線で。そこから岩泉行きのバスに乗って約1時間で龍泉洞に到着する。途中、道の駅に寄ってトイレ休憩をとることもできる。ただしバスは1日に4本しかないので出発時刻をあらかじめチェックしておこう。洞窟内は道も整備され気軽に見学できるが、アップダウンの激しい急な階段やハシゴがあるので注意しながら進もう。

Travel Plan

1日目　東京駅発 → 新幹線で盛岡駅へ → バスで龍泉洞へ → 岩泉

2日目　岩泉 → バスで盛岡駅へ → 新幹線で東京駅着

道草の楽しみ

龍泉洞から三陸海岸の田野畑へぜひ足をのばしたい。中でも断崖絶壁の海岸線が一望できる北山崎は「海のアルプス」と呼ばれる絶景ポイント。地元漁師が案内するサッパ船で海からもスリル満点な遊覧を体験できる。

北山崎は晴れの日も霧の日もいい。

行きたい季節

冬

龍泉洞の地底湖が美しいのは、雨が少なくて透明度が最も高くなる冬。また龍泉洞の周辺は紅葉の名所でもあるので10月中旬もおすすめ。

長い年月をかけて作られた地底空間は探検気分いっぱい！透き通る青に吸い込まれそうな地底湖はパワースポットと言われています。

洞窟内には10°C前後で夏に行くとひんやりしている。また登り下りが激しいので運動靴で行こう。

旅の予算

約3.6万円〜

東京から盛岡までの往復新幹線の約3万円〜、盛岡から龍泉洞のバス往復運賃約6000円〜、龍泉洞の入場券1000円〜を含む。

絶景ごはん＆おやつ

■松茸

龍泉洞のある岩泉は実は松茸の産地。岩泉の松茸は香りも豊かでぜひ味わいたい逸品。シーズンになると全国から多くの人がやってくる。そのほか、どんこ鍋、はっと汁、短角牛、ウニ、ホヤなども美味しい。

DOCEBIT VOS
OMNEM VERITATEM.
Joan. 16. v. 13.

ザンクトガレン修道院図書館

スイス

まさに美しい知の宮殿！
バロック建築の傑作

612年に小さな庵から始まり、8世紀に創設。現在は修道院ではない。18世紀に改装された建物はバロック建築の傑作とされる世界遺産。図書館も、貴重な書物や手稿を収蔵する世界最大級の中世の図書館として有名で、約15万冊ある蔵書のほとんどは読むことができる。

絶景までの道のり

成田空港から直行でチューリッヒへ。到着したらIC（スイス連邦鉄道）で東へ約1時間のザンクトガレン駅へ。駅から約10分歩くとザンクトガレン修道院に到着する。ザンクトガレンは、ボーデン湖に近い歴史的な町で、ザンクトガレン州の州都。東スイス地方の中心都市である。

Travel Plan

1日目	成田空港発 → チューリッヒ
2日目	チューリッヒ → ザンクトガレン
3日目	ザンクトガレン → チューリッヒ
4日目	チューリッヒ → 成田空港着

道草の楽しみ

ハイジの里、マイエンフェルトまで足をのばしてみては？　美しい牧草地帯、『アルプスの少女ハイジ』の原作者、ハンナ・シュピリの家もまだ残っている。

ハンナ・シュピリの家。

行きたい季節

6月後半～10月前半

スイスは北海道より北にあるので、春先から秋口がおすすめ。

スイスは列車大国です！氷河特急、ベルニナ急行などにぜひ乗ってみてください。

旅の予算

約16万円～

7月前半出発の場合。スイス航空の航空券の14.5万円～（燃油サーチャージ含む）、列車料金（1等片道9500円～、2等片道6500円～）を含む。

絶景ごはん＆おやつ

■ラクレット

チーズフォンデュ、レシュティ（ジャガイモを短冊状に切ったものをこんがりフランパンで焼いたもの）や、ハイジが黒パンの上に乗せて食べていた、とろけるチーズ、ラクレットも食べたい。

森の墓地

スウェーデン

20世紀以降の建造物で初めての世界遺産

1940年竣工。世界的な建築家、グンナール・アスプルンドとシーグルド・レヴェレンツによって設計された。別の遺族同士が顔を合わせないよう合理的に設計されつつ、礼拝堂、待合室など静かな美しさに満ちている。特徴的な「追憶の丘」は、スウェーデン最大の散骨場である。

絶景までの道のり

日本からストックホルムまでは直行便がないので、コペンハーゲンやヘルシンキ、フランクフルトなどで乗り継ごう。東京から約14～16時間でストックホルムへ到着する。到着は夕方なので、ストックホルムで1泊するのもいいだろう。森の墓地のあるスコーグスシュルコゴーデン駅へは、ストックホルム中央駅からファルスタ・ストランド行きの緑のラインの鉄道に乗って約14分。さらに駅から5分ほど歩けば森の墓地に到着する。

Travel Plan

1日目	羽田空港もしくは成田空港発 → ヨーロッパの都市で乗り継ぎ → ストックホルム → 鉄道でストックホルム中央駅へ
2日目	ストックホルム中央駅 → 鉄道でスコーグスシュルコゴーデン駅へ → 徒歩で森の墓地へ → スコーグスシュルコゴーデン駅 → ストックホルム中央駅
3日目	ストックホルム観光
4日目	ストックホルム → ヨーロッパの都市で乗り継ぎ → 機中泊
5日目	羽田空港もしくは成田空港着

道草の楽しみ

せっかくスウェーデンまで行くなら、中世の面影が残る美しく静かな町、マルメにも足をのばしてみよう。かつて領土争いをしていたスウェーデンとデンマーク。2国の距離を縮めた、オーレスン大橋もおすすめ。

15世紀はデンマーク最大の都市。

行きたい季節

6月下旬～9月

おすすめは緑が青くなる6月下旬から9月まで。

絶景ごはん&おやつ

■ニシンバーガー

ストックホルムの地下鉄スルッセン駅前の広場に、ニシン料理を手軽に食べられる屋台がある。ソテーしたニシンをパンにのせたニシンバーガーはシンプルなメニューだが香ばしく、日本人の口にもとても合う。

旅の予算

約14万円～

航空券の約12万円～（燃油サーチャージ含む）、宿泊費の約2万円～（1泊・1室）を含む。食事代はほかのヨーロッパと比べても高めだ。

HOTEL SAN DIEGO

グアナファト

メキシコ

シャーベットのような色と細い路地が魅力の世界遺産

メキシコ中部にあるグアナファト州の州都。スペインの植民地時代のコロニアル建築が有名で、黄色・ピンク・青・緑に塗られた家々が重なり合う町全体が、世界遺産に登録されている。16世紀には銀の採掘で栄え、町のあちこちに採掘で利用されたトンネルが残っている。

絶景までの道のり

成田空港からアメリカの都市で乗り継ぎ、グアナファト最寄のレオン国際空港へ。到着まで約16時間かかる。メキシコシティから約5時間かけて長距離バスで移動する方法もあるが、海外の長距離バスでの移動が不慣れ・治安が心配という人は、飛行機での移動がおすすめ。空港から市内まではタクシーで約30分。カラフルな住宅地を見下ろせる「ピピラの丘」まではケーブルカーで数分。徒歩では約20分。写真に撮りたくなるような小道がいっぱいあるので散策しながらの移動も楽しい。

Travel Plan

1日目	成田空港発 → アメリカの都市で乗り継ぎ → グアナファト
2日目	グアナファト観光
3日目	グアナファト観光
4日目	グアナファト → アメリカの都市で乗り継ぎ → 機中泊
5日目	成田空港着

道草の楽しみ

ピピラの丘はグアナファトを見下ろせる絶景スポット。週末の夜は、中世風衣装の楽団員達と夜の街を練り歩く、エストゥディアンティーナを楽しもう。反対を乗り越え恋人同士が窓越しに口付けしたと言われる口付けの小道も必見。

「口付けの小道」はとても狭い路地。

行きたい季節

11月～4月

夏は気温が高くなりすぎるので、少し涼しくなってからがよい。

石畳の道ばかりなので
ヒールのある靴はNG。

夏は日差しが強いので日よけ対策・サングラスを忘れずに。

冬でも日中は半袖でも過ごせるが、夜は非常に冷え込みが激しいのでコートは必須。日中の寒暖差が大きいので要注意です。

旅の予算

約18万円～

日本からグアナファトまでの航空券は約18万円～（燃油サーチャージ含む）。現地での移動は徒歩かタクシー。値段は交渉次第。

絶景ごはん&おやつ

■モーレ・ポブラーノ

ワカモーレ、チキンのロースト、エンチラーダ、にんにくのスープなどメキシコ料理を楽しもう。唐辛子、ナッツ、チョコレート（！）、玉ねぎ、にんにくで作ったモーレ・ソースをかけたチキンも食べてみたい！

絶景を見ながら
楽しむ飲み物

DRINK

食事のお供、手軽な栄養、水分補給として
飲み物にもその土地土地の特徴が表れています。
世界各国を仕事や旅で廻っている皆さんに
世界の飲み物を紹介してもらいました！

ハノイのホアクアザム

ホアクアザムはハノイのご当地スイーツ。グラスに入ったカットフルーツに、練乳とココナッツミルクと氷。これをスプーンでシャカシャカつぶしながら食べる。なにか懐かしい気がするのは、子供のころ飲んだフルーツ牛乳に味が似てるから？（美味しい世界旅行）

トルコのボザ

小麦やトウモロコシ等の穀物を使った発酵飲料。中央アジアからトルコやバルカン半島にまで伝わった。酸味と甘味が強く、発酵由来の独特の芳香がある。国により趣が異なり、トルコのものはもったりと濃厚で、シナモンをかけて飲まれる。（郷土菓子研究社）

インドのラッシー

ダヒ（インドのヨーグルト）をベースに作られるインド料理に欠かせない飲み物。砂糖で甘味を付けられたプレーンのものから、サフランやカルダモンで香り付けされたもの、バナナやマンゴーなどのフルーツを使ったもの、塩味のものも存在する。（郷土菓子研究社）

ロシアのリャザンカ

表面が茶色く焦げ、牛乳の色が少し黄色くなるまで、オーブンで4～5時間、長いときは一晩焼く、という飲み物。ロシア、ウクライナ、ベラルーシなどの農村部で飲まれていたが、現在は紙パックなどでも売られている。美味しいけどカロリーが低い点も魅力的。

インドのニンブー・ソーダ

要はレモンソーダ、レモン水。珍しい点は、生レモン（ライムに近い）を使うことと、砂糖だけでなく、塩もよく使うということ。しかも、ブラックソルトという、硫黄系（?）の風味の塩が使われることが多い。この味に慣れるとものすごくおいしい…！

ブルターニュのレ・リボ

カンペールのクレープリー「LA KRAMPOUZERIE」で出会ったブルターニュ産の飲むヨーグルト、レ・リボ（手前）は、そば粉のガレットのお供として勧められた。プルンと粘り気のある固形ヨーグルト、グロ・レ（奥）も特産品。旅の食卓で味くらべ。（美味しい世界旅行）

乳製品じゃないよ
キハマスゲの茎が
原料だよ♥

スペインのオルチャタ

白色だが牛乳ではなく、キハマスゲの地下茎を搾って、砂糖やアーモンドやシナモンを加えた飲み物。ファルトンというパンを浸して食べることが多い。特にキハマスゲのものはバレンシアの名物。世界遺産のラ・ロンハ・デ・ラ・セダを眺めながら飲んでみたい！

ペルーのインカコーラ

ペルーでコカ・コーラよりも売れているのが「インカ・コーラ」。黄色いコーラが、コンビニでもファストフードでも定番の飲み物になっている。日本でもネットショップなどで購入できる。日本から一番遠い国なのでなかなか行けないが、味だけでも体験してみよう。

北京の壺入り飲むヨーグルト

古都の朝は、やさしい味の蜂蜜酸牛奶（蜂蜜入りヨーグルト）を。紙のキャップにストローを挿し、その場で中身をチューチュー吸い、空になった瓶は店に返却。でも、この陶器の瓶が素朴で味がある。できれば、返却せずに土産として持ち帰りたい。（美味しい世界旅行）

インドのアームポラショルボ

まだ熟してない青いマンゴーから作る、ほんのり甘くて酸っぱくて塩っぱいドリンク。「アームパンナ」とも言われる。日本では飲んだことないが、インドではメジャーな飲み物。例えて言うなら、あまり甘くなく、でも濃厚な梅ドリンクみたいな感じだろうか…。

グルジアのラグォイツェ

フルーツシロップのソーダ割り。円錐の容器に詰められたシロップをグラスに注ぎ、ソーダで割って作られる。味はグレープやレモン、チョコレートなどから選ぶことができ、レモンとチョコレートのブレンドが現地民に人気があった。（郷土菓子研究社）

フィンランドのムスティッカケイット

フィンランドはブルーベリーの産地。夏になると近くの林の中でもブルーベリーを摘むことができるほど。だからこそブルーベリーを煮て、甘く味付けたスープが定番のデザートになっている。コーンスターチでとろみがつけられているので、体が暖まる。

旅をしたくなったら
p158へ

テカポ

ニュージーランド

世界一の星空！
オーロラとの共演に感動

“世界一の星空”と言われる。人口はわずか300人。地球は回っていると感じられる星空は、いつまでも見ていられる。特にオーロラと星空の共演は絶妙。街の中心地から徒歩約15分の「善き羊飼いの教会」は必ず立ち寄りたい。星空だけでなく夕暮れの湖に反射して映る風景も美しい。

絶景までの道のり

まずは日本から直行便でニュージーランド北島のオークランドへ。さらに国内線で南島のクライストチャーチへ行こう。ここまでで約10～11時間かかる。さらにバスに乗って約3時間30分でテカポに到着する。ただし飛行機からのバスの同日移動は、到着の遅延などの危険もあるので、クライストチャーチで泊まって翌日からの移動がおすすめ。テカポに到着すれば、すぐ目の前にテカポ湖が広がる。朝・昼・夜と色や雰囲気がまったく景色が異なるので、時間帯を変えて見に行こう。

Travel Plan

1日目	成田空港発 → 機中泊
2日目	オークランド → クライストチャーチ → バスでテカポへ
3日目	テカポ → バスでクライストチャーチへ
4日目	クライストチャーチ → オークランド → 成田空港着

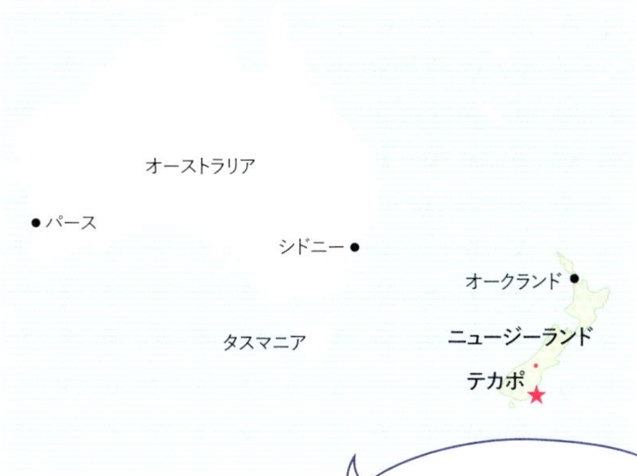

道草の楽しみ

テカポの青い湖周辺を散策しながら約30分歩くと、ホットスプリングスに到着。水着を着て中に入ることもできる。近くにはアイススケート場やレストランもある。個人旅行だからこそ行けるスポットだ。

湖周辺をぶらぶら散歩しよう。

満月の夜にマウントジョン天文台ツアーに参加すると、周りの光がシャットダウンされていても、とても明るく、満天の星空は見られない。その分、マウントクック方面の遠くの山まで鮮明に見え、まぶしさを覚えるほどの月の明るさに感動します。

行きたい季節

冬

満天の星空が見たいならば月食の時期に行くといい。オーロラは季節を問わないが、夜の長い冬がおすすめ。

夏でも夜のテカポは肌寒いです。しかしマウントジョン天文台ツアーは防寒具が用意されています。

旅の予算

約15万円～

日本からニュージーランドの往復航空券の約13.5万円～（燃油サーチャージ含む）、クライストチャーチからテカポの往復バス料金、宿泊費を含む。

絶景ごはん&おやつ

■サーモン

サーモンはニュージーランド名物。その中でも日本人が経営するレストラン「湖畔」のサーモン丼は、真っピンクの脂がのったサーモンが絶品で舌の上でとろける。何十年も続く名店で、味には絶対の保証付き。

マンダレー

ミャンマー

築150年だけど現役！
1.2キロも続く木造の橋

マンダレー郊外の小さな町アマラプラ。その中心部に広がるタウンタマン湖に架けられたウーベイン橋は全長1.2キロ、築150年以上の木造橋だ。いまも現役で使われており、リヤカーを引く老人や学校へ通う子供たちの姿が散見され、夕暮れ時には美しい橋のシルエットが浮かびあがる。

絶景までの道のり

成田から全日空の直行便で約7時間、まずは中心都市ヤンゴンへ。そこから飛行機を乗り継いで約1時間半、国土のほぼ中央に位置するマンダレーへ。ここはホテルが充実する大都市なので、拠点として宿を押さえよう。ウーベイン橋のあるアマラプラまでは、マンダレーの中心部から乗り合いバスで約40分、タクシーでは30分ほどで到着。

Travel Plan

1日目	成田空港発 → ヤンゴンで乗り継ぎ → マンダレー
2日目	マンダレー → バスでアマラプラへ
3日目	マンダレー観光
4日目	マンダレー → ヤンゴンで乗り継ぎ → 機中泊
5日目	成田空港着

道草の楽しみ

マンダレー北部に広がる「マンダレーヒル」と呼ばれる丘は、寺院が多く丘全体がパワースポットとなっている。市内を一望でき、特に夕暮れ時の眺めは絶景。カップルで賑わう。マンダレーから気球に乗って観光することもできる。

日没時の景色は最高に美しい。

行きたい季節

2月〜5月

雨季には橋のすぐ真下まで水が来て、乾季には湖が枯れた状態となる。ウーベイン橋に行くなら、雨季と乾季を避けた2月から5月で、湖面が朝日や夕日に照り映える、日の出・日の入り前後の時間帯がおすすめ。

乾季から雨季への移行期である4月から5月は乾燥してかなり暑い。水分の補給は忘れずに！

旅の予算

約12万円〜

日本からヤンゴンへの往復航空券の8.3万円〜（燃油サーチャージ含む）、ヤンゴンからマンダレーの往復航空券の2万円〜、宿泊費1.5万円〜（スタンダードホテル・3泊）を含む。

絶景ごはん＆おやつ

■シャン料理

マンダレーは北東部のシャン州が近いため、街中にはシャン料理の屋台がある。豆腐や麺を使った料理は日本人の口にも合う。またタウンタマン湖の新鮮な魚介類を使った揚げ物も評判。ぜひ地元の屋台でトライ！

ミャンマーのウーベイン橋は 1849 年に作られた。その風景はいまも素朴な魅力にあふれている。

カヤンゲル

パラオ

パラオの北端の
さらに奥にある秘島

パラオ本島の北端からも珊瑚礁を越えないと辿り着けないため、最近まで“秘境”だった島。手つかずの大自然が残っている。ずば抜けた透明度を誇るこの海域は、パラオで一番美しいとされるロングビーチ、カヤンゲル本島ののどかな町並み、野生のイルカなど見どころいっぱい。

絶景までの道のり

まずはバベルダオブ島のパラオ国際空港へ。その日はパラオ最大の都市、コロールに泊まろう。成田空港からデルタ航空の直行便を利用すると約5時間で到着。そのほか季節チャーターの直行便などもある。グアムやソウルで乗り継いで行くこともできる。カヤンゲル島へは、まずバベルダオブ島の北部波止場までレンタカーで行き、そこから船（ボート）に乗る。コロールから約2～3時間で到着。カヤンゲル島へ行くときに天候や波の状態が悪いとボートが出ないので要注意。

Travel Plan

1日目	成田空港発 → バベルダオブ島 → コロール
2日目	コロール → バベルダオブ島 → カヤンゲル → コロール
3日目	パラオ観光
4日目	コロール → バベルダオブ島 → 成田空港着

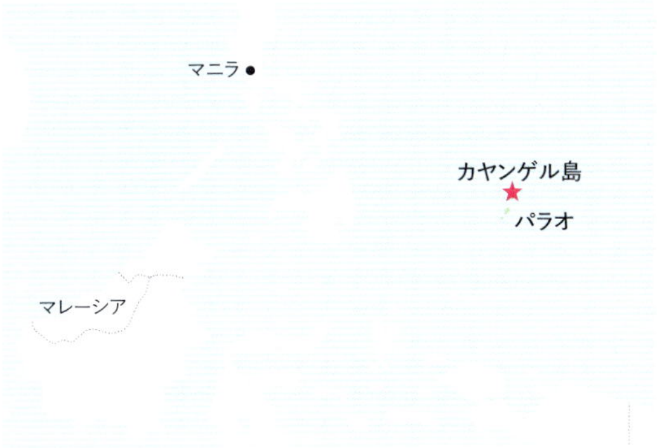

道草の楽しみ

パラオの世界遺産「南ラグーンのロックアイランド群」も楽しもう。無毒のタコクラゲが大量に棲む湖、ジェリーフィッシュレイクでは、無数のクラゲの中で泳ぐことができる。珊瑚の体積物が泥となってできた名所、ミルキーウェイは乳白色の海と奇岩が美しく、その泥はお肌にもいいと言われている。

湖の真ん中に着いたら目を開こう！

行きたい季節

11月～4月

気候は年間を通じてあまり変わらず高温多湿。雨季（5月～10月）と乾季（11月～4月）にいちおう分かれるが、年間を通じて雨量は多め。比較的雨が少なく天候が安定し、海の透明度も高くなる確率が上がるので、乾季がパラオのベストシーズンと言われる。特にダイビングにはこの時期がおすすめ。

波止場などでゴミを捨てたり、生きたシャコ貝や珍しい貝、サンゴなどを捕ったり、許可証を持たないで魚を釣ると罰金が科せられます。

午前2時（18歳未満は深夜0時）から朝6時まで、外出禁止令が制定されています。この時間帯に出歩いたり、ドライブしたりしてパトロールに見つかると、旅行者でもひと晩拘留されることがあります。

旅の予算

約7万円～

航空券、燃油サーチャージを含む。バベルダオブ島の北部波止場までのタクシー料金は事前交渉制。カヤンゲルまでは定期船が片道$20～で最安値だが、運航数が少ないので、現地のツアー（約$200～）に参加するのがおすすめ。

絶景ごはん&おやつ

■サワーサップ

外観はトゲトゲ、果実はヨーグルト風味のサワーサップは美味！　甲羅に茹でたカニの身を詰めてココナッツミルクをかけて蒸した料理「ウカイブ」、フルーツバット（食用コウモリ）、山鳩なども味わおう。

オロロンライン

日本・北海道

320キロの海岸線を走る！ この爽快感は北海道だけ！

石狩から稚内へ続く海岸線に沿って北上する道路。全長約320キロを走りきるのに、約6時間かかる。電柱やガードレールなど何もない大自然の中を走る爽快なドライブは、北海道でしか味わえない！　稚内付近では利尻島の利尻山が一望でき、ドライブ中の景色もまさに絶景。

絶景までの道のり

羽田空港から新千歳空港へ。オロロンラインをたっぷり走りたい人は、新千歳空港からレンタカーに乗り、札幌から石狩へ入り、オロロンラインをひた走ろう。

Travel Plan

1日目	羽田空港発 → 新千歳空港 → 札幌
2日目	札幌観光
3日目	札幌 → 留萌 → 稚内
4日目	稚内空港 → 羽田空港着

道草の楽しみ

稚内港からフェリーに乗って、利尻島、礼文島まで足をのばしてみよう。だいたい約1時間50分前後でそれぞれの島に行くことができる。「花の浮島」と呼ばれる礼文島、利尻山がある利尻島も北海道ならではの美しさである。

礼文島から見た利尻山。

行きたい季節

6月〜8月

梅雨のない北海道だからこそ6月から8月がおすすめ。

カーブがあまりなく、直線ルートが続くので、スピードの出しすぎにはご注意ください。

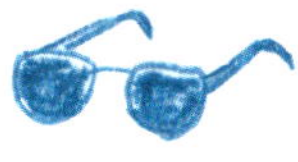

旅の予算

約5.2万円〜

東京から北海道の往復航空券、宿泊費、レンタカー代金、レンタカー乗り捨て代金を含む。「北海道 de あそぼ」ツアーがおすすめ。

絶景ごはん＆おやつ

■鰊丼、鰊そば

オロロンラインは「ニシン街道」と言われるほど、かつてはニシン漁で栄えていた。いまでもオロロンラインにある小平町の道の駅「おびら鰊番屋」でニシンを味わえる。人気メニュー鰊丼、鰊そばを食べてみよう。

羅平の菜の花

中国

地の果てまで続く黄色
約 200 平方キロの菜の花畑

見渡す限り一面の菜の花畑、まばゆいほどの黄色に埋め尽くされた景色がどこまでも続く。東京都と同じくらいの広さと言われる規模で、満開の菜の花畑を見ることができるのは2月下旬から3月上旬。カルスト地形の奇峰と、円形の棚田を埋め尽くす菜の花の風景はまさに絶景。

絶景までの道のり

まずは北京へ。そこから上海で乗り継いで昆明まで行こう。昆明から羅平は約 250 キロ。翌朝、昆明からバスに乗り、約 3 時間で羅平に到着する。

Travel Plan

1日目	成田空港発 → 北京 → 上海で乗り継ぎ → 昆明
2日目	昆明 → バスで羅平へ
3日目	羅平観光
4日目	羅平 → バスで昆明へ
5日目	昆明 → 北京 → 上海で乗り継ぎ → 成田空港着

道草の楽しみ

2013 年に世界遺産に登録された元陽を中心とする「紅河ハニ棚田」、昆明から羅平へ行く途中にある世界遺産「中国南方カルスト」石林もあわせて訪れたい。

ギザギザの石が面白い南方カルスト。

行きたい季節

2月下旬～3月上旬

菜の花が満開の季節。

日中は気温が上がるけど、朝晩は冷え込むので、冬服が基本です！

その年の気候などにより菜の花の開花時期がずれることがあります。

旅の予算

約6.6万円～

日本から昆明までの航空券は約6.6万円～。燃油サーチャージ含む。

絶景ごはん＆おやつ

■三白料理

3つの白いもの、百合根、銀杏、長芋を使った「三白料理」が羅平の名物。銀杏と肉と野菜の炒め物、山芋の炒め物、百合根の煮たもの、スープなど、それぞれに調理された皿が贅沢にずらっと並べられる。

羅平の見渡す限りの菜の花畑の中を、かわいい牛車に乗ってゆっくり巡ることもできる。

横手かまくら

日本・秋田県

100基のかまくらが壮観！
甘酒とお餅でほっこり

みちのく五大雪まつりの「横手かまくら」は、400年の伝統を誇る、水神様をまつる小正月行事。毎年2月中旬に開催される。市内には約100基のかまくらが作られ、その中から子どもたちが「はいってたんせ」「おがんでたんせ」と呼びかけ、甘酒やお餅などをふるまってくれる。

絶景までの道のり

東京駅から秋田新幹線に約3時間乗って大曲駅へ。JR奥羽線で大曲駅から横手駅まで約15分で到着する。

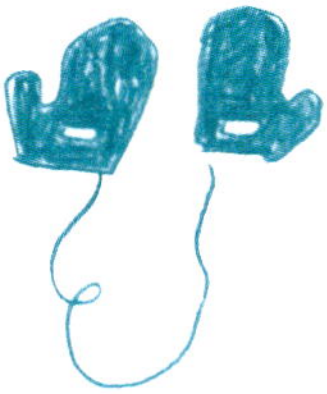

Travel Plan

1日目　東京駅発 → 新幹線で大曲駅へ → 横手

2日目　横手 → 大曲駅 → 新幹線で東京駅着

道草の楽しみ

ふれあいセンターかまくら館には常に－10℃に保たれた部屋があり、夏でもかまくらを体験できる。横手にはいろんな泉質の名湯や秘湯がいっぱい。かまくらまつりを観光して雪景色を楽しんだ後は温泉であったまろう。

蔵の町、増田散策も魅力的。

行きたい季節

2月

かまくらまつりの開催はだいたい2月中旬。

JR奥羽線は1時間に1本しか来なかったりするので、事前にチェックしてちょうどいい新幹線の切符を予約しよう。

2月の横手の最低気温は氷点下です。寒さ対策は万全に！

旅の予算

約5万円

東京から大曲への新幹線の往復運賃、交通費、宿泊費を含む。

絶景ごはん＆おやつ

■横手やきそば

横手に行ったら、横手やきそばを食べるしかない！2009年に開催された、B級ご当地グルメの祭典「B-1グランプリ」で優勝した本場の味、元祖神谷焼きそば屋の横手やきそばを食べに行こう。

JR只見線

日本・福島県

“秘境駅”を結ぶ只見線は
撮り鉄の聖地！絶景の宝庫

只見線は福島県の会津若松駅から新潟県の小出駅を走るJR東日本の鉄道。山間部の知られざる駅を結んで走る只見線は、鉄道ファンやカメラマンに人気だが、特に「只見川第一橋梁」は“撮り鉄の聖地”と言われている。只見川にかかるアーチ橋を走る列車がかっこいい！

絶景までの道のり

まず磐越道会津坂下ICから国道252号線を只見方面に進む。15キロほど先にある道の駅「尾瀬街道みしま宿」に車を止めて歩こう。道の駅のすぐ近くに駒啼瀬トンネルがあり、左にある遊歩道入口を進むと送電線の鉄塔がある。そこから只見川第一橋梁を見下すことができる。電車で行く場合は只見線の会津宮下駅で降りて、尾瀬街道みしま宿までタクシーで行くか2～3キロ歩く。かつて鉄塔までは、けもの道でしか行けなかったが、今は遊歩道が整備された。とは言え、急な階段があり、運動不足の体にこたえる。

1日目　東京駅発 → 新幹線で郡山駅へ → 会津若松 → 会津宮下駅 → 郡山

2日目　郡山駅 → 新幹線で東京駅着

道草の楽しみ

奥会津を走る只見線は絶景の宝庫。見返りの渕、SLが展示されている会津柳津駅、伝説の名湯である早戸温泉、山と田んぼの緑が美しい越後広瀬駅など、途中下車してお気に入りの絶景を探してみよう。

ブナの原生林がある浅草岳。

行きたい季節

1年中

四季折々きれいな景観がひろがる。
川と森と橋のコントラストが抜群。

秋の紅葉の季節も素晴らしい。

旅の予算

約2万円～

東京駅から会津宮下駅までの往復料金のみ。

絶景ごはん＆おやつ

■酪王カフェオレ

福島名物と言えばこれ。福島出身者はみんな子どものころから普通に飲んでいる。1976年の発売以来親しまれている人気の秘密は、生乳を50%以上使用しているからとのこと。通販でも購入できるが地元で飲みたい。

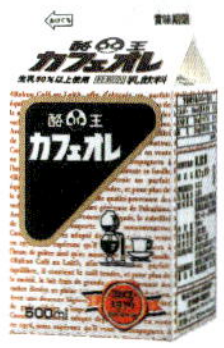

フラワー・フィールズ

アメリカ

色とりどりに咲き乱れる
約20 km^2のキンポウゲ畑

毎年春になると、アメリカにある「フラワーフィールド」という広大な花畑が、一面カラフルなラナンキュラス（キンポウゲ）の花で染まり、20万もの人を呼び寄せる。色とりどりの花がどこまでも続く、まさに夢のような花畑！

絶景までの道のり

まずはサンディエゴか、ロサンゼルスへ。成田空港を夕方に出発すると日付変更線を通過してサンディエゴに昼に到着する。空港からレンタカーに乗り、サンディエゴなら約1時間、ロサンゼルスなら約1時間30分でフラワーフィールドへ。レゴランドも1キロ以内で近い。ロサンゼルスからの移動だと渋滞などで時間がかかることがあるので、サンディエゴを拠点にする移動がおすすめ。

Travel Plan

1日目	成田空港発 → サンディエゴ
2日目	フラワー・フィールズやレゴランド観光
3日目	サンディゴ観光
4日目	サンディエゴ → 成田空港着

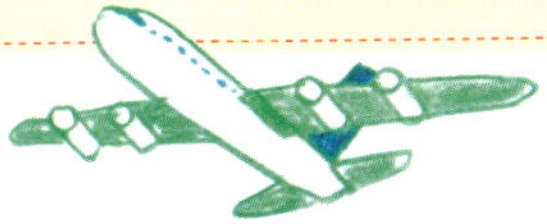

道草の楽しみ

レゴブロックのテーマパーク「レゴランド」まで足をのばそう。サンディエゴではタイミングによってコンベンションやお祭りをやっていることがあるので、宿泊日数を増やして楽しむのもいいかもしれない。

レゴランドホテルに泊まりたい！

ロサンゼルスやサンディエゴには素敵なレストランもいっぱい。お店によっては正装でなければならないので、ジャケットとスラックス、革靴を持っていったほうがいい。

行きたい季節

3月下旬～5月初旬

春の6～8週間がおすすめ。詳細は公式サイト参照。
http://www.theflowerfields.com

旅の予算

約17万円～

航空券（燃油サーチャージ含む）、宿泊費、空港への送迎費含む。航空券のみではロサンゼルス往復で約10万円～（燃油サーチャージ含む）。

絶景ごはん＆おやつ

■タコベル

サンディエゴではメキシコ料理をはじめ、多くのユニークな多国籍料理のイベントが催されている。料理の種類もイベント開催数も多いので、狙いを定め、タイミングを合わせて旅に行くのがベター！

グッビオとドロミテのクリスマス

イタリア

中部で世界最大のツリーを
北で可愛い市場を見よう！

イタリア北東のドロミテではドイツ風クリスマス市が見られる。中部の小さな中世の町、グッビオのクリスマスは、ギネスブックにも登録された世界最大のツリーがインジーノ山に浮かび上がる。大きさは高さ 750 × 幅 450 メートル。少し市内から離れた丘から見る夜景がきれい。

絶景までの道のり

グッビオへ行くにはまずローマかフィレンツェへ。そこから約 2 時間 30 分、列車に乗ってペルージャをめざす。ペルージャからさらにバスに約 1 時間 30 分乗るとグッビオに到着する。ドロミテについては 12 ページを参照。グッビオからドロミテへ行くには、まずバスでペルージャへ行き、列車でボローニャへ。乗り換えてテロントラへ行き、さらに乗り換えてヴェローナへ。そこからレンタカーかプルマンバスに乗って、写真のブレッサノーネやボルツァーノ、バッサーノなどクリスマスマーケットが開催される町へ行こう。

Travel Plan

1日目	成田空港発 → ローマ
2日目	ローマ → 列車でペルージャへ → バスでグッビオへ
3日目	グッビオ → バスでペルージャへ → 列車でフィレンツェ
4日目	フィレンツェ → 成田空港着

道草の楽しみ

ペルージャ、アッシジをはじめ、周辺の丘陵地帯には中世からの町並み、エトルリア時代の遺跡などがそのまま残っている。人類の壮大な歴史を感じさせる土地を、レンタカーを利用して、ゆっくり回ってみるのがおすすめ。

遺跡、建築物、美術館…全部見たい！

行きたい季節

12月

クリスマスシーズンに行きたい。グッビオは 5 月のろうそく祭りも有名。

H.I.S. のイタリア出身スタッフいわく「食がとまらない町！」 鹿・いのししの肉の塊を炭火で焼いて切り分ける焼き肉、パッパルデッレ（小麦粉と卵を練りこんだ平打ち麺）なども美味しいとのこと。

旅の予算

約 15 万円～

アリタリア航空利用の航空券 13 万円～（燃油サーチャージ含む）、ローマからペルージャの運賃（片道 1 等 4000円～、2 等 3000円～）、フィレンツェからペルージャへの運賃（1 等 4500円～、2 等 3500円～）を含む。

絶景ごはん＆おやつ

■トリュフ

食の国ともいわれるグッビオは産物が多い。オリーブオイル、ワイン、そしてトリュフ。地元の特産品を使った郷土料理は素朴ながら、どれを食べても美味しい！

グッビオのインジーノ山に灯された、世界最大のクリスマスツリー。ふもとには中世の町並みが広がる。

絶景が
味わえる映画

MOVIE

絶景へ実際に行くのはなかなか大変ですが、
壮大な景色を名カメラマンの極上の映像で記録した作品によって、
家にいながら地球上の絶景を味わうことはできます。
旅の予習用に、妄想用に見て損しない“絶景映画”を
18本紹介しましょう。

『1900年』

ポー川のデルタ地帯（イタリア）

世界遺産に認定されている、ポー川のデルタ地帯で撮影。名カメラマン、ヴィットリオ・ストラーロが撮影したポー川べりの緑の美しさ＆壮大さ！　これに勝る写真や映像はほかないと言ってもいい。

監督：ベルナルド・ベルトルッチ
5800円（税抜）
紀伊國屋書店

『ルートヴィヒ』

ノイシュヴァンシュタイン城（ドイツ）

ノイシュバンシュタイン城、リンダーホーフ城などで実際にロケしているのがすごい！　ヴェルサイユ宮殿を模した鏡の間、ルートヴィヒこだわりの食事システム「魔法の食卓」などが見られるのは楽しい。

監督：ルキノ・ヴィスコンティ
6000円（税抜）
紀伊國屋書店

『河』

ベンガル湾（インド）

1949年にインドに渡ったルノワールがベンガル地方で撮影。ガンジス川での人々の暮し、ベンガル地方の家や寺院、夜の市場、川の葬式など、当時のインドの風景をカラー映像で見ることができる。

監督：ジャン・ルノワール
500円（税抜）
ファーストトレーディング

『銀河』

サンティアゴ・デ・コンポステーラ（スペイン）

世界遺産の「サンティアゴ・デ・コンポステーラの巡礼路」で撮影された。若者と老人が巡礼の旅をする話に、聖書の物語などが時代を飛び越えて差し挟まれる。巡礼の道のりが見られるのは映像ならでは。

監督：ルイス・ブニュエル
2800円（税抜）
アイ・ヴィ・シー

『泥棒成金』

エズ（フランス）

グレース・ケリーが車に乗り、88ページで紹介したエズの村からモナコを見下ろす、運命的なシーンがある。ニースやカンヌなど、南仏リゾートの自然、優雅なレストランやホテルの映像が楽しめる。

監督：アルフレッド・ヒッチコック
1429円（税抜）
パラマウント ジャパン

『127時間』

キャニオンランズ国立公園（アメリカ）

キャニオンランズ国立公園の渓谷にひとりで出かけた登山家のアーロンは、岩に腕をはさまれて動けなくなる。大自然の中、食糧もなく約6日間身動きできない彼はどうしたか？　実話を元にした映画。

監督：ダニー・ボイル
1419円（税抜）
20世紀フォックス・ホーム・エンターテイメント・ジャパン

『春の惑い』

蘇州（中国）

水の都、東洋のベニスと言われる蘇州を舞台に夫、元恋人の間で揺れ動く妻の葛藤を描く。船に乗りながら少女が「美しき青きドナウ」を歌う名場面が印象的。蘇州庭園の魅力も味わえる。

監督：田壮壮
ポニーキャニオン

『エグザイル／絆』

リラウ広場（マカオ）

南欧風の町並みが美しい、世界遺産のマカオ歴史地区を舞台に、闇社会に生きる５人の男たちの激しい戦いと絆の物語が繰り広げられる。ジョニー・トーロケ地めぐりをしているファンは少なくない。

監督：ジョニー・トー
キングレコード

『ラムの大通り』

ソカロ（メキシコ）

禁酒法時代の密輸船の船長と映画女優の恋のかけひきを描いたラブコメディ。クラシックなエレベータと天上の大きなステンドガラスが美しいホテルなどが、メキシコのソカロで撮影されている。

監督：ロベール・アンリコ
ビデオメーカー

『アブラハム渓谷』

ドウロ川（ポルトガル）

映画の地名は架空のものだが、世界遺産に認定されたポルトガルのアルト・ドウロ・ワイン生産地域で撮影されている。悠々と流れるドウロ川、どこまでも続くブドウの段々畑はまさに絶景！

監督：マノエル・ド・オリヴェイラ
紀伊國屋書店　廃盤

『J・エドガー』

アメリカ議会図書館（アメリカ）

世界一蔵書数が多い図書館。FBI 初代長官のフーヴァーは高校卒業後、ここで働いていたので、ディカプリオ主演の伝記映画にも議会図書館で撮影された場面がある。大きく整然とした美しい空間。

監督：クリント・イーストウッド
1429円（税抜）
ワーナー・ホーム・ビデオ

『捜索者』

モニュメント・バレー（アメリカ）

モニュメント・バレーには、メサやビュートが一望できる「ジョン・フォード・ポイント」と呼ばれる撮影スポットがある。『捜索者』はテクニカラーで、ジョン・フォードが愛した絶景が楽しめる。

監督ジョン・フォード
1429円（税抜）
ワーナー・ホーム・ビデオ

『ストロンボリ／神の土地』

ストロンボリ島（イタリア）

1950年にストロンボリで撮影された。白黒映画だが絶景の力強さがよくわかる。今作がきっかけでイングリット・バーグマンとロッセリーニは不倫関係になり、バーグマンは家族を捨てることに。

監督：ロベルト・ロッセリーニ
1800円（税抜）
アイ・ヴィー・シー

『007ムーンレイカー』

イグアスの滝（ブラジル）

007はまさに絶景映画。イグアスの滝以外にベネチア、グアテマラ・ティカルなどの絶景で撮影。イグアス川でモーターボートの追っかけっこをして、イグアスの滝で絶体絶命!?という場面にハラハラ。

監督：ルイス・ギルバート
2381円（税抜）※Blu-ray
20世紀フォックス・ホーム・エンターテイメント・ジャパン

『テス』

ストーンヘンジ（イギリス）

波乱に満ちたテスの生涯が美しい風景（ロケ地はブルターニュのロクナロンなど）を舞台に描かれる。テスが行きつくのはストーンヘンジ。「絶景」といえる瞬間が撮影されているので見てみよう。

監督：ロマン・ポランスキー
5800円（税抜）※Blu-ray
KADOKAWA

旅をしたくなったらp158へ

『フォロー・ミー』

ロンドン（イギリス）

夫が探偵を雇い、外出ばかりの妻を尾行させたところ…。ペパーミントサンデーが食べられるカフェ、ハンプトン・コートの迷路、キューガーデンの温室など、尾行シーンが楽しいロンドンめぐりに！

監督：キャロル・リード
4700円（税抜）
キングレコード

『ホーリー・モーターズ』

サマリテーヌ（フランス）

ドニ・ラヴァンが演じる11人の人格がさまざまな人生を生きる。彼が白いリムジンで巡るパリのいろんな場所が見られる。中でもパリ最大の百貨店で現在閉店中のラ・サマリテーヌの場面は見もの。

監督：レオス・カラックス
3800円（税抜）
キングレコード

『ノスタルジア』

バーニョ・ヴィニョーニ（イタリア）

バーニョ・ヴィニョーニは、ローマ時代からの温泉。映画では、そんな世界遺産級の温泉につかって人々がのんびりする姿が見られる。ろうそくの火を消さずに温泉の広場を渡るシーンは圧巻。

監督：アンドレイ・タルコフスキー
パイオニアLDC

旅の問い合わせ先

トラベルワンダーランド新宿本社　（新宿駅新南口徒歩３分、新宿高島屋正面）

海外自由旅行専門店	03-5360-4891
ヨーロッパ・アメリカ・オセアニアツアー専門店	03-5360-4881
ビーチリゾートツアー専門店	03-5360-4831
アジアツアー専門店	03-5360-4821
国内旅行専門店	050-5833-2830
世界一周旅行券専門店	03-5360-4909
ネイチャーワールド秘境専門店	03-5775-0731
エコツアー・スタディーツアー専門店	03-5360-4810

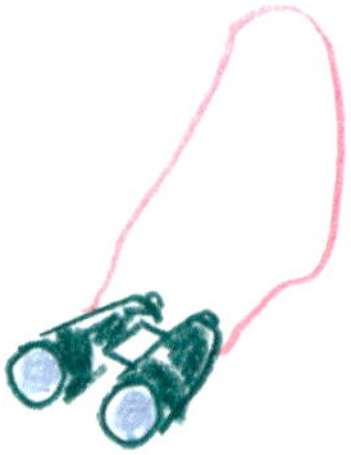

撮影者

ゲッティイメージズ

Kimberley Coole ／ Mataya ／ Danita Delimont ／ Peter Mukherjee ／ Felix Hug ／ Klaus NiggeAdam Jones ／ Sopon Chienwittayakun ／ Barry Kusuma ／ DEA ／ P. JACCOD ／ Christian KoberAndreas Strauss ／ Insung Jeon ／ Martin Moos ／ Anders Blomqvist ／ GO! ／ Grant Atkinson ／ Alyson Smith ／ William Yu Photography ／ Cultura Travel/Philip Lee Harvey ／ PHOTO ／ BY DIMITRIOS TILIS ／ Hoang Giang Hai ／ Anthony Collins ／ Paul Cowan ／ Hans GeorgEiben ／ Lindsay Brown ／ Idaho Statesman ／ o-che ／ Tommy Johansen ／ Vicki Mar Photography ／ Martin Child ／ Anton Kudelin ／ tomertu ／ Photomick ／ Keren Su ／ Felix Hug ／ Kylie ／ McLaughlin ／ Douglas Faulkner ／ MelindaChan ／ "IMAGEMORE Co.,Ltd." ／ Danilo Antonini

アフロ

アートスペース／ Yoshiyuki Kaneko ／河口信雄／後藤昌美／安部光雄／ SIME ／今村豊／アートイエス／ Jose Fuste Raga ／高橋正郎／ REX FEATURES ／ Ambient Images ／ Robert Harding ／ Science Photo Library ／室田康雄／ HEMIS ／ mauritius images ／小川秀一／ Artur Images ／西垣良次／縄手英樹／曲谷地毅／ 12 か月／清水誠司

アマナ・イメージズ

NOBUAKI SUMIDA/SEBUN PHOTO ／ Mitsushi Okada/orion ／ MIXA CO., LTD. ／ YOICHI TSUKIOKA/SEBUN PHOTO

ShutterStock

dibrova ／ val lawless ／ S.Micheli ／ Odor Zsolt ／ Karol Kozlowski ／ holbox ／ javarman ／ lrafael ／ Peter Kim ／ Takamex ／ JeniFoto ／ quipu-art ／ mffoto ／ ChameleonsEye ／ Tracing Tea ／ Patrick Poendl ／ Samot ／ Anna Vaczi ／ weltreisender.tj ／ rm ／ Iuliia Timofeeva ／ Shebeko ／ RossHelen ／ bonchan ／ bluelake ／ neil langan ／ David Fowler ／ tama2012 ／ JLR ／ Photography ／ fredredhat ／ Attila JANDI ／ Narit Jindajamorn ／ PlusONE ／ Adisa ／ Philip Lange ／ Norikazu ／ CHEN WS ／ Perati Komson ／ Flik47 ／ dinosmichail ／ BlueOrange Studio ／ Patryk Kosmider ／ Niar ／ Oleksiy Mark ／ bonchan ／ Fanfo ／ Japan_mark3 ／ zoryanchik ／ Truong Cong Hiep ／ PhotoRoman ／ PavleMarjanovic ／ Kelvin Wong ／ Olena Tur ／ Mukesh Kumar ／ Andrew Zarivny ／ Paul Cowan ／ VLADJ55 ／ Brykaylo Yuriy ／ Arena Photo UK ／ Nikitin Victor ／ ansem ／ Fabio Lotti ／ margouillat photo ／ Kapa1966 ／ p.studio66 ／ Sandra Kemppainen ／ Pichugin Dmitry ／ vsl ／ Martin Lehmann ／ adisak soifa ／ Suphatthra China ／ Pavel Potseluev ／ puttography ／ Bochkarev Photography ／ Ivan_Sabo ／ cudak ／ Iuri ／ m.bonotto ／ Sean Pavone ／ sudalim ／ sollafune ／ Aleksandar Todorovic ／ Manamanalapas77 ／ Professional photography ／ Nfoto ／ PHB.cz (Richard Semik) ／ f11photo ／ welcomia ／ luigi nifosi ／ 113548174 ／ stocker1970 ／ Rachelle Burnside ／ David Fowler ／ Belle Momenti Photography

Sarah Stewart（p49）
Sunny Goel（p128）
Steven Damron（p128）
Satish Krishnamurthy（p129）

執筆協力

郷土菓子研究社　林周作

2012 年 6 月から世界の郷土菓子研究の為、一年半かけて自転車でユーラシア大陸を横断。各国を訪れてはその土地の郷土菓子を調査する。2014 年 5 月、世界の郷土菓子を収録した本『THE PASTRY COLLECTION』を刊行。

美味しい世界旅行

http://freestylef.exblog.jp/　編集者（よ）と翻訳家（ゆ）のチームで運営する食ブログ。（よ）は食に関するリトルプレス『ferment』も発行。（ゆ）は『おいしいセルビー』、『料理通信』ウェブサイトなどの翻訳も担当している。食関連イベントも展開中！

アラブ史研究者　中町信孝

2000 年から 2 年間のカイロ大学留学中、ナイル川の水を飲んでエジプトの魅力に開眼し、以来、音楽や映画などアラブの大衆文化を定点観察し続けている。本業は中世アラブ歴史文献学。甲南大学文学部准教授。

H.I.S.（エイチ・アイ・エス）
「ツーリズムを通じて、世界の人々の見識を高め、国籍、人種、文化、宗教などを超え、世界平和・相互理解の促進に貢献する」という企業理念のもと、海外旅行および国内旅行の企画・販売・手配を行う総合旅行会社。新宿駅新南口にある「トラベルワンダーランド新宿本社営業所」は日本最大級の店舗で方面別・目的別に約200名の専門スタッフが対応する。

H.I.S.

鮫島　卓
吉村英治
三浦雅也
杉澤啓輔

久松美奈子
近藤　恵
齋藤奈緒
瀬戸羊輔
伊島　透
三輪真弓
出崎文薫
宮城千沙
清水亘
城戸拓英
石田伸吾
芥川健一
川本直也
今井博之

桐生美穂
横野衣梨奈
池村あずさ
寶田恵実
福田さおり
大谷内翔一
小田部美奈子
毛利　巧
黒坂杏未
小浦友里
石野萌芽
築地亜沙美
竹中希奈
芝田このみ
髙城美樹
髙山旺子
出堀有宇子
寺田真依子

デザイン　木村美穂（きむら工房）
イラスト　須山奈津希
地図作成　津久井直美

写真
ゲッティイメージズ／アフロ／アマナ・イメージズ
（撮影者はp159に掲載）

協力
山形県／広島県／岡山県観光連盟／福島県観光物産交流協会／富山県観光連盟／森の駅・風穴／やまなし観光推進機構／信州・長野県観光協会／徳澤園／羽咋市商工観光課／輪島市観光協会／スカイレンジャー関西／あけぼ乃／鳥取県中部総合事務所／三朝温泉観光協会／秋田県観光文化スポーツ部／酪王乳業株式会社／小平町役場

special thanks
galapagos/PHOTOHITO（p72「ホタルイカの身投げ」撮影）
郷土菓子研究社　林周作
美味しい世界旅行
中町信孝

世界《せかい》の絶景《ぜっけい》さんぽ

著者　H.I.S.《えいちあいえす》

発行所　株式会社二見書房
東京都千代田区三崎町2-18-11
電話　03(3515)2311［営業］
03(3515)2313［編集］
振替　00170-4-2639

印刷・製本　図書印刷株式会社

落丁・乱丁本はお取り替えいたします。
定価は、カバーに表示してあります。

ISBN978-4-576-14087-2
http://www.futami.co.jp/